A viagem proibida

FUNDAÇÃO EDITORA DA UNESP

Presidente do Conselho Curador
Mário Sérgio Vasconcelos

Diretor-Presidente / Publisher
Jézio Hernani Bomfim Gutierre

Superintendente Administrativo e Financeiro
William de Souza Agostinho

Conselho Editorial Acadêmico
Júlio Cesar Torres
Luís Antônio Francisco de Souza
Marcelo dos Santos Pereira
Maurício Funcia de Bonis
Patricia Porchat Pereira da Silva Knudsen
Ricardo D'Elia Matheus
Sílvia Maria Azevedo
Tatiana Noronha de Souza
Trajano Sardenberg

Editores-Adjuntos
Anderson Nobara
Leandro Rodrigues

MARY DEL PRIORE

A viagem proibida

NAS TRILHAS DO OURO

**Ilustrações
KELLY ADÃO**

editora
unesp

© 2025 Editora Unesp

Direitos de publicação reservados à:
Fundação Editora da Unesp (FEU)
Praça da Sé, 108
01001-900 – São Paulo – SP
Tel.: (0xx11) 3242-7171
Fax: (0xx11) 3242-7172
www.editoraunesp.com.br
www.livrariaunesp.com.br
atendimento.editora@unesp.br

Dados Internacionais de Catalogação na Publicação (CIP)
de acordo com ISBD

Elaborado por Odilio Hilario Moreira Junior – CRB-8/9949

P958v	Priore, Mary del
	A viagem proibida: Nas trilhas do ouro / Mary del Priore. – São Paulo: Editora Unesp, 2025.
	Inclui bibliografia. ISBN: 978-65-5711-230-4
	1. História do Brasil. 2. Período colonial. 3. Mineração. 4. Literatura juvenil. I. Título.
	CDD 981
2024-1348	CDU 94(81)

Editora afiliada:

Asociación de Editoriales Universitarias
de América Latina y el Caribe

Associação Brasileira de
Editoras Universitárias

Sumário

CAPÍTULO I
Muito longe do Rei 7

CAPÍTULO II
O encontro que o Diabo pintou 19

CAPÍTULO III
Segredos de Vila Rica de Ouro Preto 33

CAPÍTULO IV
Conversas com o Além 49

CAPÍTULO V
Fumaça de revolta 65

CAPÍTULO VI
Mistérios e milagres de um livro 79

Bibliografia 93

CAPÍTULO I

Muito longe do Rei

O pesado veleiro disparou três tiros de canhão e ancorou na frente da cidade. Aliviados pelo fim da viagem, saímos para o convés. Viam-se praias de areias brancas e a mata que descia até o mar. Viam-se, também, cardumes de golfinhos nas águas claras. Um cheiro de flor e fruta inundava o ar. Às seis horas, ouvimos tocar os sinos das igrejas chamando para a missa, enquanto no céu começava a brilhar o Cruzeiro do Sul. Passamos dois dias fundeados atrás da Ilha das Cobras até que as autoridades nos deixassem desembarcar. Na manhã do terceiro dia, uma pequena balsa trouxe um oficial e alguns soldados. Revistaram os canhões e contaram os homens que

vinham de Portugal. Examinaram papéis, bagagem e nossos corpos. Traríamos doenças? Todos
sadios? Estávamos apenas cansados da viagem,
cobertos de piolhos e famintos.

Um bote veio nos buscar. De pé, os remadores
marcavam o compasso. Eram negros e estavam
seminus: "Esses aí vêm de Cabinda", rosnou o pai.
Falavam uma língua estranha. Acostaram o bote
contra o casco. As ondas batiam e, enquanto um
deles se pendurava na escada de corda, os outros,
num português arrevesado, indagavam do que a
tripulação precisava. Água? Fumo? Frutas?

Valises foram descarregadas. Vi quando um
marujo jogou discretamente um saco para dentro do
pequeno bote. Preparamo-nos para descer. O pai
foi na frente. Não quis dar a mão ao negro. Vi o
rabicho de sua peruca balançar e depois se perder
dentro da casaca de veludo. O sapato com bico
de ponta arranhou a madeira do casco e as five-
las quase caíram na água. Desajeitado, ia gritando
comigo. Dei a mão ao mano. Baixamos até o bote.

Sol, cheiro de suor e de algas. À medida que nos
aproximávamos do ancoradouro, cheiro de coisa
apodrecida também. À volta, dezenas de outros
botes circulavam. Levavam e traziam gente e mercadoria. Os dorsos escuros dos remadores se agi-
tavam. Plaf-plaf, na água. O rosto do pai, magro,
severo e pálido, não virou para trás nem uma vez.
Chegamos. Onde? No porto de Pinda, no Congo

ou na muito leal cidade de São Sebastião do Rio de Janeiro?

– Na chave deste Estado do Brasil, cabeça do Reino – respondeu o pai. – Mas, mais parece que estamos em terras de África.

O mano, silencioso.

Cais dos Mineiros: com ajuda do escravizado, o pai escalou os degraus que o levavam ao atracadouro. Ali, entregou a um oficial a correspondência que vinha da Corte. Disse-lhe que queria se apresentar ao vice-rei, Luís de Vasconcellos e Souza, o mais rápido possível. Estava sério, quase bravo. Em cada rosto de soldado ou comerciante ele via um bandido. Um contrabandista.

À nossa volta, que animação! Agentes aduaneiros, marinheiros, escravizados seminus corriam de um lado para o outro. Passageiros desembarcavam e embarcavam, pilotos comandavam manobras, marceneiros serravam peças de madeira, cordoeiros enrolavam cabos, grumetes ajudavam em tudo. Charretes avançavam até a água para receber mercadorias que iam do cais às lojas e das lojas ao cais. Chalupas com oficiais bronzeados pelo sol riscavam a água. Barcos faziam sinais, manobravam as velas, armavam pavilhões.

A animação do porto, porém, escondia vários problemas. Corriam rumores. Da alfândega do Rio, no lugar de sacos de açúcar ou café, partiam sacos de ouro. Navios estrangeiros acostavam, apesar das proibições e das leis punitivas. Encontravam cooperação e auxílio entre os habitantes com quem trocavam mercadorias por diamantes e ouro em pó. O metal brasileiro era encontrado até nos portos ingleses. Ou na costa da África, onde se negociavam cativos em troca de rolos de fumo e cachaça vindos do Brasil.

Olhei à volta. Palhoças, poucos muros de pedra, muitas e muitas mulas. Algumas já carregadas com jacás cheios de frutas e legumes. Sacos empilhados em toda parte revelavam a mercadoria que ia para as Minas dos Cataguases – assim chamadas por conta dos índios que aí habitavam. Eram as famosas minas do ouro. Ouro que o pai ia contar para a Coroa. Não podia faltar uma arroba! O pai queria acercar no serviço de Sua Majestade. E depois pedir uma recompensa financeira e um título de fidalgo da Casa Real.

Sobre o mau cheiro ambiente, um perfume. Vinha de grandes tachos sobre pedras e lenha. Debruçadas sobre eles, negras cozinheiras remexiam uma pasta amarela. A fila de gente pobre, cacos ou cumbucas à mão, trocava um vintém por duas colheradas do caldo dourado: o angu, mistura de miúdos, banha de porco, quiabo e temperos.

– São "negros de ganho" ou "operários" – explicou o pai.

Os primeiros viviam na rua, vendiam seus serviços e, ao final do dia, entregavam uma quantia

A viagem proibida

fixa aos seus senhores. Os segundos eram mandados para trabalhar em oficinas ou manufaturas.
Acocorados no chão, muitos chupavam roletes de
cana ou laranjas.

Em Lisboa havia cativos. Mas não tanto quanto aqui.

O pai explicou: uma lei sancionada em 1761
libertou todos os negros e mulatos vindos da América, África e Ásia que desembarcassem em portos
do reino. Em 1773, outra lei decretou a "liberdade do
ventre", ou seja, a liberdade das crianças nascidas
de mãe escravizada. Quando baixaram a primeira,
existiam em Portugal milhares de cativos domés-
ticos; cinquenta anos mais tarde, pouquíssimos.
As leis impediram a reposição dos trabalhadores
escravizados. Uns morriam e os que nasciam, nasciam livres. Acabava-se a escravidão no Reino. Mas
nas colônias, ao contrário...

Paguei um vintém por duas colheradas de angu,
servido com uma grande colher de pau de cabo
comprido. Ofereci ao mano. Ele não quis. A tigela
fumegante veio com um sorriso da quitandeira
vestida de branco. Mas o sorriso foi só para mim.

Ouviam-se mil vozes à volta dos panelões.
Era gente da Costa da Mina e do Congo. Também
negros, escravizados ou libertos, vindos da América
espanhola e que, confundidos aos trabalhadores
livres, se misturavam no labirinto do porto. Car-
regadores e mulheres ambulantes, ligeiramente

vestidas, transportavam toda sorte de mercadoria na cabeça: frutas, animais vivos, pacotes, feixes de fumo, água potável, roupas sujas e limpas, tinas com excrementos.

Eles se identificavam pelos sinais de nação, talhos e escarificações no corpo ou na face. Cuidadosos penteados advertiam: solteira ou casada. Os panos da Costa, o porte de amuletos, joias ou chinelas, diziam se as mulheres eram livres ou cativas. O abadá, espécie de túnica branca, por exemplo, identificava um malê. O fez, um gorro arredondado, enfiado na cabeça, apontava os islâmicos.

Além das vozes, o barulho era incessante. Barulho ou música? Um grupo de negros seminus, cada qual levando seu saco de café e conduzidos à frente por um que dançava e cantava ao ritmo de um chocalho; os outros repetiam as estrofes do canto. Dois mais carregavam ao ombro um pesado tonel de vinho, suspenso num varal, entoando a cada passo uma triste canção; e um segundo bando seguia transportando fardos de sal, sem mais roupa que uma tanga e indiferentes ao peso e ao calor. Eles apostavam corrida gritando a plenos pulmões. Acorrentados uns aos outros, surgiram acolá seis outros com baldes d'água na cabeça. Eram criminosos empregados em trabalhos públicos. Também iam cantando em cadência.

Mais adiante, aguadeiros, aos berros desafinados, mais uma negra vendedora de bananas e outras de doces, apregoando ambas suas mercadorias também aos gritos. Tudo transportado na cabeça sem deixar cair nada. E sempre cantando ou berrando. O barulho era aumentado por uma tropa de mulas que atravancava a rua. Pior ainda: eis que surgiu uma enorme carroça de duas rodas, levando material de construção, puxada por quatro bois, que fazia um ruído ensurdecedor – o das rodas maciças a girarem com o eixo – como se serrassem pedras ou ferros. E ainda havia os sinos das igrejas, que tocavam sem parar. Avisavam do início da missa, do nascimento de uma criança, de fogo num matagal ou de um enterro à vista. Havia badaladas específicas para cada coisa.

A um sinal do pai, subimos numa cadeirinha. Dois escravizados fortes sustentavam os varões. Avançamos por dentro da cidade. Da barra, tudo parecia lindo. Mas, na cidade, as ruas estreitas eram imundas e as calçadas mal deixavam passar duas pessoas. Caneletas a céu aberto transportavam o esgoto. Vez por outra tínhamos de nos esquivar do conteúdo de penicos esvaziados pelas janelas. Fechadas por treliças, elas deixavam ouvir a voz das mulheres lá dentro. Às vezes, uma mais curiosa se aproximava. Só se viam seus olhos pelo xadrez de madeira. Porcos e cães reviravam o lixo. Regatos e muros serviam de latrina pública. Armazéns vendiam seus produtos no piso térreo de casas de pedra.

Nossa estalagem era simples. Num quarto mal mobiliado, encontramos velhas cadeiras e uma armação de cama – com estrado de caniço, pronto para receber um colchão e desprovido de cortinado e de cobertores. Do balcão, tínhamos a vista das serras que cercavam a cidade. Lavamos pés, braços e pescoço com a água que nos foi trazida numa bacia. A mucama entrou com um incensório: a fumaça servia para manter afastados os atacantes invisíveis: mosquitos, baratas e percevejos. Jantamos feijão, farinha e carne-seca, a mesma comida dos escravizados. Adormeci sob o olhar triste do mano. No quarto, a luz das velas desenhava sombras na parede. Achei ver a da mãe. O coração apertou.

Sonhei ou vi? A mãe olhava por entre as pálpebras. Seus olhos não tinham brilho. Eu andava atrás dela. Caminhávamos sem destino certo. Os pés se equilibravam sobre pedras e espinheiros. Eu tinha o rosto coberto de suor. O dela foi se cobrindo de bolhas. Bolhas vermelhas e crescidas que se deformavam rapidamente. Das palmas de suas mãos escorria sangue. Seu nariz, tão fino e magro, se colava ao osso. Comecei a gemer. "Não tenha mais medo", ela me dizia baixinho. Eu via seus braços inertes. Sem articulação. "Não, não", eu gemia... Seus lábios pastosos se moviam em movimentos bizarros. Ela se dissolvia num vulto branco. Era a hora de partir. E eu precisava seguir o

A *viagem proibida*

chamamento do mano, do pai. Esse chamamento vinha agora em uma onda enorme, silenciosa. Fui arrastado por um rio escuro.

Acordei com o tiro disparado da Ilha das Cobras e o sino da matriz chamando para a missa. O pai tinha de ver o vice-rei antes de partir para as Minas. Lá, seu trabalho seria secreto. O ouro, sempre o ouro. Mas cada vez menos abundante. Para onde iria? A cidade do Rio de Janeiro se tornou capital por conta dele. As fortalezas dentro da baía e a presença de oficiais e soldados do Reino tornavam a cidade uma praça dificilmente conquistável. Mas as frestas por onde escorria o metal, quem sabia onde estavam?

De nada adiantava a vigilância dos navios portugueses. O pai achava que eles ignoravam enseadas e lugares de desembarque fora da capital. A costa era enorme. Não havia tropas nem sentinelas suficientes para controlar naus inglesas e francesas que, alegando caça às baleias, chegavam aqui carregadas de fazendas, panos e pólvora. Sem vigilância, ninguém resistia. Nem as autoridades.

– Todos corruptos! – esbravejava o pai.

Assim, nenhuma riqueza passava pelos comerciantes portugueses – como desejava a Coroa.

Quando chegamos ao palácio, um oficial de Sua Excelência nos conduziu por uma passagem ornada com flores e arbustos aromáticos; pássaros em gaiolas ao longo do caminho cantavam.

A passagem conduzia a uma sala bem decorada. O vice-rei esperava na porta e nos acolheu com a maior cortesia e cordialidade. Gordo, bochechudo e rosado, ele gostava de livros e fundara uma academia de literatura.

A sala onde nos recebeu era o seu lugar preferido quando queria estar só. Os móveis eram de uma simplicidade elegante. No teto, viam-se pinturas de frutas tropicais e das mais raras aves da região. Nas paredes, estampas representando temas religiosos. Sim, como o pai, ele se preocupava com o contrabando de ouro. Arrecadava-se cada vez menos nas Casas de Fundição. Muitos fugiam de pagar o quinto. Mas havia coisa pior.

Falou em voz baixa:

– As terríveis ideias de liberdade e igualdade. Isso poderia levar a rebeliões. A levantar os povos.

Estavam muito longe do rei. Na distância, vassalos se sentiam abandonados e desprotegidos. Na administração, uma ordem esbarrava em outra e nada se fazia. As funções e os empregos eram vividos como coisa pessoal. Cada qual tirava seu pedaço, chegava a hora que queria e obedecia quando lhe aprouvesse. Pouco importava a coisa pública.

– Mistérios da América – resumiu-lhes o vice-rei.

Tudo era perigoso.

– Viver era perigoso – disse ao mano.

Deixamos o palácio com nossos passaportes na mão. Sem eles, ninguém circulava pelo interior da Colônia. Afinal, nas minas se colhia ouro à flor da terra. As autoridades se queixavam que as pessoas abandonavam a agricultura para buscá--lo. À volta, vilarejos brotavam, vendendo alimentos e cachaça. No dia seguinte partiríamos.

Manhã no Porto da Estrela: uma das portas de entrada para as míticas Minas e o pequeno povoado onde tinha início a estrada que serpenteava até a então capital da província, Vila Rica de Ouro Preto, por causa das pedras escuras ali encontradas. Entre um ponto e outro, iam e vinham andarilhos, viajantes, comerciantes e tropeiros.

Quando embarcamos na diligência que ia nos levar na direção das serras proibidas, reparei que o saco jogado no barco dos escravizados que nos trouxeram à terra estava misturado com a nossa bagagem. Nada disse ao pai. Quem sabe o que ia ali? O mano fez uma careta.

Era o mês de fevereiro de 1789. No fundo da baía, a muralha de serras escuras, com seus bicos mergulhados nas nuvens, nos esperava. Foi o início da viagem. Ou da aventura...

CAPÍTULO II

O encontro que o Diabo pintou

Para atingir a região montanhosa que se estendia da serra do Mar ao Espinhaço, nosso banguê, uma liteira puxada por mulas possantes, caracolou por morros pouco elevados e de mata cerrada. Atrás, vinha uma escolta com trabalhadores escravizados também montados em mulas. Traziam bagagem e o farnel da viagem. Sombrias florestas contrastavam com o verde-claro das áreas cultivadas.

O registro do Rio Preto marcava os limites entre uma província e outra. No caminho, vez por outra, penduradas em cercas ou num galho de árvore, a mão seca ou a cabeça decapitada de um cativo que tentara roubar ouro ou diamantes: era o

castigo exemplar. Mostrei ao mano. O pai explicou que os brancos que tentavam contrabandear ouro em pó ou diamantes eram mandados à prisão perpétua ou ao exílio em Angola.

Passada a capela do lugarejo de Matias Barbosa, encontrava-se outro registro, também conhecido como registro do Caminho Novo. Ali ficava a "contagem", onde eram pagos os impostos e se cobrava o quinto do ouro para a Coroa portuguesa. Lá também se examinavam os passaportes de estrangeiros, viajantes e escravos que circulavam pela região.

Nos desvãos da serra da Mantiqueira, circulavam histórias sobre quadrilhas de temidos salteadores: "a do chefe Guimarães", a do estrangeiro Schinderhannes, a do cigano Pedro Espanhol. O rio Paraibuna regava fazendas e plantações de pequeno e médio porte ocupadas com lavouras de subsistência e com gente que fugia da mineração. Pois ela não rendia mais...

Pela estrada que ligava a capital da província do Rio de Janeiro à de Minas Gerais, também escoavam varas de porcos e boiadas. Homens brancos e mulatos, cobertos por chapéus de abas estreitas e copas altas, fraldas de camisa esvoaçando sobre as calças, conduziam os animais do Rio das Mortes para os mercados da Corte. Do oeste da capitania vinham as grandes manadas de bois. Ali, excelentes pastagens convidavam à multiplicação dos rebanhos. Criadores locais chegavam a possuir 5 mil cabeças. Aos cuidados de escravizados, o gado merecia atenções especiais. As pastagens eram mantidas verdinhas graças às queimadas. Na época da seca, com um bambu em chamas e caminhando a favor do vento, bastava um homem para pôr fogo no pasto.

Nas vendas, ao longo da estrada, achava-se um pouco de tudo: aguardente, doces, velas, livros de missa. Pelo chão, mantas de toucinho, barriletes de açúcar grosso e sal, espingardas e munição. As noites eram passadas nos ranchos. Ali encontrávamos os tropeiros trazendo notícias dos caminhos percorridos. Sob longas varandas cobertas com telheiros, eles faziam fogueira e, num tripé à moda cigana, preparavam o de comer: feijão com carne-seca, angu de milho e café fumegante. A cachaça era usada em confraternizações ou como remédio. Canastras ou bancos de madeira serviam de cama.

Descarregados de seus fardos, os animais eram raspados com facão para tirar o pó e o suor. Prevalecia a regra da solidariedade: quem chegasse primeiro deixava lugar para as mulas de outras tropas, ajudando a descarregá-las quando necessário. Cargas eram arrumadas dentro do rancho, com cuidado para não se misturarem. As cangalhas secavam ao sol e eram depois empilhadas. Dormíamos ao som da viola e do barulho de grilos

O encontro que o Diabo pintou

e sapos. Eu não voltei a ver ou sonhar com a mãe. O mano sempre quieto: rosto fechado.

À medida que nos aproximávamos de Ouro Preto, a paisagem mudava. Montanhas negras escorriam chuva. Um denso nevoeiro abraçava a estrada. Os riachos não cantavam como em Portugal, mas despencavam das alturas, com fúria.

– Faltam cinco léguas – disse o pai.

A estrada era longa e estava mergulhada num silêncio hostil. Numa curva, avistamos a mancha de um cavalo com o seu cavaleiro: um ruço com um caboclo enchapelado. Vinha como quem conhecia bem o lugar e desconfiava de alguma coisa. Sua roupa coberta de pó mostrava que ele atravessara caminhos difíceis.

O pai preparou o clavinote e pediu ao cocheiro para parar. Quando o cavaleiro se aproximou, perguntou-lhe com voz firme de onde vinha e para onde ia: era de um arraial próximo. Ia buscar sal numa fazenda. E alertou o pai: ali estavam em guerra. Não se passava no caminho sem licença do quilombo. Que tivéssemos cuidado.

– Ditos do povo – retrucou o pai.

Os homens da escolta se agitaram sobre as mulas que bufavam. Trocaram palavras incompreensíveis. Armas, normalmente proibidas aos cativos, apareceram. Eles podiam usá-las na defesa do senhor. O cavaleiro afastou-se. O grupo seguiu em frente.

A viagem proibida

As montanhas pareciam se fechar sobre o caminho. O sol mal conseguia romper a barreira de nuvens. Árvores baixas, coladas umas às outras, se abraçavam para impedir nossa passagem. De vez em quando, um grito de pássaro vinha da mata como um aviso sinistro. Mal tínhamos feito mais uma légua, quando numa curva encontramos um troço de homens. Vinham a mando do temido Cascalho, chefe quilombola. Bem que o pai vira as fogueiras na noite anterior. Era um aviso. O pai explicou: quilombos eram refúgios. Ali se escondiam fugitivos.

Não só negros. Lavradores pobres, descendentes de índios carijós e bandidos também. Eram socorridos com todo o necessário, pois tais comunidades eram autônomas. Plantavam para comer. Viviam de caça e pesca. Assaltavam fazendas para roubar-lhes a criação de galinha ou porcos. Levavam armas, igualmente. Negociavam para não atacá-las, trocando produtos agrícolas e lenha por fumo, sal e utensílios. Agrediam viajantes e os deixavam mortos no fundo dos boqueirões. Havia, então, cerca de 150 quilombos nas Minas.

Cascalho era informado de tudo o que acontecia por uma rede de homens e mulheres, cativos ou não, que lhes traziam notícias. Principalmente, as forras quitandeiras que circulavam com seus tabuleiros a vender seus produtos a escravizados, livres, quilombolas e autoridades. Sempre bem informadas, elas avisavam sobre as investidas dos capitães do mato, caçadores de negros fugidos. Além disso, elas forneciam comida aos cativos e os auxiliavam em suas fugas, escondendo-os em suas casas.

Explicação dada, o céu com nuvens avermelhadas anunciou a morte do dia. E talvez a nossa e de nossos homens. Crescia a tensão entre os dois grupos. Os quilombolas ameaçavam e riam, chamando para a briga. O pai gritou e sua voz ecoou pelo mato: o que queriam? Eu só via olhos arregalados e brilhantes, facões e clavinotes. O pai chamou o nome de todos os santos. Tocou o rosário que levava ao pescoço. Aquilo era o fim, sem dúvida. Os ouvidos em alerta, o queixo batendo, só vi o pai pôr uma pedra nova debaixo do cão da arma e engatilhar. A coisa ia ferver. Ele saiu da liteira e, de pé, insistiu na pergunta: o que queriam?

A resposta veio num conjunto de guinchos, uivos e risadas. O pai disparou para o alto. Foi o sinal. O grupo de quilombolas se abateu sobre a carroça e os cativos que nos acompanhavam. Sombras se engalfinhavam, facas rasgavam o ar. Gemidos e gritos. Agarrei o mano e fiquei no lugar agachado e suando. Ouvia a voz do pai. "Eu mato! Eu mato!" Até que levei um murro. Caí firme no chão. Silêncio.

Acordei numa esteira sobre chão de barro batido. Sentia enorme cansaço e não sabia onde

A viagem proibida

estava. Era noite e meu corpo doía. Tudo escuro e não conseguia ver o mano nem o pai. Senti toda a minha solidão, longe de todos e sem estar preparado para isso. Em compensação, a mãe voltou a aparecer: um fantasma esbranquiçado, a boca aberta como se estivesse sufocando. Eu só queria sentar, gritar, chorar e gemer até que me acudissem. A angústia que me oprimia chegou até a garganta. Apertou-a. Adormeci ou desmaiei.

Pela manhã, ouvi galos e barulho de gente, indo e vindo além das paredes de pau a pique e telhado de sapê. Onde estaria? Pouco a pouco, vozes, choro de criança e, de repente, uma voz. Ela cantava. Era de menino.

Tá trepado no pau
de cabeça pra baixo
Com as asas caídas
gavião de penacho.

Aproximava-se. A porta abriu e vi recortar-se contra a claridade do dia um jovem. Bem-vestido, com colete, calções, meias e calçado: sinais de distinção. Era negro. Perguntei-lhe:

– És escravo? Como te chamas?

E ele:

– Chamo-me Tiago e sou recuperado.

Eu:

– Recuperado? O que é isso?

Ele:

– Fugi com meu pai da casa de minha senhora e o capitão do mato me recuperou. Pelo meu pai recebeu seis oitavas de ouro, pois apresentou sua cabeça.

Eu, assustado:

– Cabeça?

Ele:

– Sim, os fugitivos são normalmente degolados e suas orelhas enfiadas num colar que o capitão do mato leva ao pescoço.

Eu:

– Chamo-me Afonso, venho do Rio de Janeiro e, antes, do Reino. Não sei onde estou.

Ele:

– No quilombo do Cascalho... É pequeno, não é grande como o do Ambrósio.

Eu:

– O que faz aqui?

Ele:

– Vim trazer recado da cidade, tipo mensageiro.

Eu:

– Você canta?

Ele:

– Sim, também sou lobinho: cantor nas festas de Nossa Senhora da Conceição, de Santa Ifigênia, de São Bento. Estou ligado à Irmandade de Nossa Senhora dos Homens Pardos.

Eu:

– Mas és livre?

Ele:

– Sou alforriado. Minha mãe comprou minha liberdade.

Eu:

– O que faço? Onde estão meu pai e meu mano?

Ele:

– Por enquanto vais ficar por aqui. Seu pai conseguiu chegar à Vila Rica de Ouro Preto. Está machucado, mas nada grave. Seu irmão? Não vi. Os quilombolas queriam apenas um saco que vocês traziam. Os cativos que transportaram seu pai acharam que você estava morto e deixaram-no para trás. Cascalho mandou trazê-lo para cá.

Insisti com Tiago:

– E agora, o que faço?

Ele:

– Venha comigo. É hora de tomar um cuité de congonha.

Quilombo: refúgio, disse o pai. A mim pareceu um vilarejo pobre como outro qualquer. A bandeira de São Benedito tremulava num bambu alto. Cachorros tomavam sol e defendiam as galinhas dos bichos do mato. Foice na mão, homens se dirigiam para a roça de milho e feijão ao fundo do círculo de palhoças. Mulheres com crianças às costas lavavam roupa. Debaixo de um telheiro, algumas descascavam milho. Num olho d'água, outras lavavam a mandioca. Eram poucas.

O encontro que o Diabo pintou

De cócoras, um grupo de homens conversava. Eram muitos. Negros, cabras, cafuzos e brancos. Alguns eram mantidos escravizados por outros. Uns preparavam as armas para caçar pacas, tatus, perdizes e codornas. Outros amassavam barro com o qual fariam utensílios. Outros ainda, com o canivete, esculpiam pequenas imagens em madeira. Todos, porém, sabiam onde estava o ouro de aluvião. Faziam a lavagem com bateias e vendiam longe o minério apurado. Sabiam, também, que o minério estava se acabando.

Quilombo não era só refúgio. Era reação aos horrores da escravidão. Onde houvesse cativos, haveria fugas. Ali, vi adultos com marcas de maus-tratos: o tendão cortado para que não fugissem. A marca F, de fujão, feita com ferro em brasa no ombro. Vi cicatrizes que fechavam como raízes sobre a pele: tinham sido tratadas com sal e limão para a ferida doer mais. E cortes na pele pelo peso da gargalheira ou das correntes.

Tiago contou histórias: o tronco por muitos dias, o chicote de quatro pernas, de couro cru, de rabo de tatu, o vira-mundo, a palmatória, a tortura da fome. E ainda havia os cães fila de fino faro, treinados para morder as carnes dos fugitivos. Todos podiam caçar negros fujões: do capitão do mato, ex-escravo ele mesmo e conhecedor dos caminhos na serra, a qualquer pessoa que denunciasse ou levasse o negro preso. Sim, as cidades e vilarejos

temiam os quilombolas. Consideravam-nos inso-
lentes. O que dizer se pegassem em armas? Mata-
riam os brancos...

Autoridades escreviam à Corte pedindo reforço
para combatê-los. O medo estava no ar. E, por isso
mesmo, os senhores se organizavam. Proibiam a
venda de pólvora e chumbo a negros, mulatos e
mestiços. Confiscavam armas de ponta. Organizavam tropas pagas, nas quais escalavam seus escravizados como soldados contra os quilombolas. Na
verdade, temiam-nos. Mas temiam também ficar
sem sua preciosa mão de obra, pois não tinham
como repô-la. Perdia, também, a Coroa portuguesa, que deixava de receber os impostos sobre o
trabalho escravo.

Autoridades só não conseguiam controlar a
cumplicidade entre homens livres e quilombolas.
Os estalajadeiros negociavam com eles objetos
roubados. Vendeiros ofereciam-lhes fumo, sal e
instrumentos de trabalho. O milho ou a mandioca
produzidos nos quilombos eram vendidos nas
pequenas fazendas. Mulheres e jovens como Tiago
eram mensageiros de tudo o que ocorria na cidade.
Esses colaboradores escondiam-nos noite adentro
ou quando eram caçados. Tudo isso era proibido
por lei. Mas a lei caía no vazio. O número de quilombos só comprovava que ela era ineficiente.

Mas, antes de fugir, os escravos penavam...
Nas minas, a rotina era pesada, com jornadas que

iam do amanhecer ao pôr do sol. Os bateadores, metidos até a cintura em córregos de água gelada, trabalhavam doze horas por dia. Para os que trabalhavam nas minas subterrâneas, outros riscos: escoras malfeitas, infiltrações, desmoronamentos. Quantos não foram enterrados vivos?! E havia ainda os mergulhadores: em rios profundos e munidos de uma pequena enxada, eles reviravam o fundo de cascalho. Só contavam com o fôlego e a força de braços e pernas.

Os invernos eram glaciais. A água, idem. Reumatismos, febres, pneumonias, tuberculose eram o resultado de poucos anos de trabalho. Como se não bastasse o ofício terrível, a comida era ruim e pouca: angu, feijão, farinha de mandioca e sal. Fumo e cachaça ajudavam a adormecer no chão das senzalas, abertas ao frio e à chuva. Cobriam-se com trapos. "Duravam pouco", resumiu Tiago.

Comecei a entender o mundo que encontrei nas montanhas. O pai achou que ia para as minas, mas caminhava sobre um vulcão; se os quilombolas se unissem aos mineiros que não queriam mais pagar os quintos, o que seria de Portugal? Daí o medo: medo de revoltas, de desobediências, de insurreições. A colônia ficaria livre da metrópole. E liberdade era a palavra da moda.

O Cascalho era um negro enorme. Tinha os olhos saltados e duros de homem mau. Sem me dar tempo de nada, levantou-me no ar três vezes, de braço teso e gritou: "Pede perdão, cabrito desavergonhado!". Na verdade, eu não devia estar vivo. Era um intruso no quilombo. O que fazer comigo?

Tiago sugeriu que eu desse notícias da Corte. Que contasse o que sabia. Sim, eu tinha estado com o vice-rei. A maior preocupação era o ouro minguado. O contrabando de ouro em pó ou em pepitas. O controle ia apertar. Meu pai veio ver de perto a bagunça e estava encarregado de contar tudo à rainha. Depois havia a preocupação com as tais ideias de "igualdade". Em Lisboa, corriam notícias sobre as revoltas camponesas na França. Na Corte, todos tinham horror aos povos que se levantavam contra seus governantes. Ah, sim... Murmurava-se que a rainha estava variando. Que falava sozinha e via o Diabo em cada canto.

O Cascalho achou que eu valia alguma coisa. Talvez me trocasse por mercadoria, mais tarde. Ia pensar. Uma voz rouca, cujo dono não localizei, perguntou se eu sabia escrever.

– Sim.

– Então que faça passes.

O passe era o passaporte do escravo. Só com ele se podia circular livremente e continuar a fazer negócios. E não eram poucos. Muitos passes eram falsificados por pessoas alfabetizadas.

– Se você escreve, lê – continuou a mesma voz –, pode ajudar a decifrar o livro...

Um livro no quilombo?

CAPÍTULO III

Segredos de Vila Rica de Ouro Preto

Na janela do sobrado as lágrimas escorriam na cara encovada do pai. Havia pouco tempo perdera a mulher. Uma morte horrível. Sem explicação. Morte feita de silêncio. Ela não comia, não falava e fechou os olhos antes mesmo de parar de respirar. Ele proibiu os meninos de entrar no quarto. Não queria que a vissem. Os gêmeos tinham um ao outro. Eram muito ligados. Teve de levá-los quando lhe ordenaram que viesse à colônia. Agora, não tinha mais ninguém. Ainda via o corpo de Afonso caído na estrada, a cabeça ensanguentada. E Francisco? O mar comeu? Sumiu na viagem... Como viver com essas perdas? Seus filhos estariam vivos?

Os sinos das igrejas de Vila Rica começaram a badalar. A cidade acordava. Ele tinha de trabalhar e esquecer os meninos por algum tempo. Enxugou as lágrimas. Focou nos problemas: corrupção e desvio do ouro. Os funcionários da Coroa eram perigosa corja. Tinha de tudo: juízes corruptos, governadores violentos que abusavam de seus poderes e protegiam bandidos, soldados que roubavam gente e animais.

Havia alguns anos, o conde de Lumiares, Luís da Cunha Menezes, assumira o governo da capitania. Cruel, extorquia os súditos e mandava espancar quem não lhe obedecesse. Foi ele quem construiu, bem na frente do palácio, um prédio sinistro, ao mesmo tempo, cadeia e Câmara. Pior, ele rompeu as tradicionais relações de amizade entre magistrados e contrabandistas de ouro, transferindo essas atividades para seus protegidos. Quando se foi, os mineiros respiraram aliviados.

Engano! Chegou Luís Antônio Furtado de Mendonça, o visconde de Barbacena, com novas ordens de Portugal. Era ele quem o pai ia ver. Tomou a linha torta da rua, benzeu-se ao ver no alto a capela de Bom Jesus. Na manhã fria, portas e janelas se abriam, moleques corriam, cativos se aqueciam para o trabalho. No meio dos grupos agitados, o pai estranhou o menino negro bem-vestido. Vinha andando calmamente e parecia pensativo.

Tiago cruzou o pai. Mais um pouco, entrou num sobrado. À volta da grande mesa, sua mãe e algumas mulheres embrulhavam o pão de ló. Alguns cestos, já arrumados, exalavam o perfume do bolo quente.

– Rápido, rápido, vamos atrasar – ralhava a mãe.

As vendedoras de produtos comestíveis tinham horário certo para estar pelas ruas. Ana se movimentava entre o forno e a mesa. No colo decotado, colares de ouro e coral.

– Dormiu no quilombo?

Tiago fez que sim.

– Novidades?

De novo, "sim".

– Fala, menino!

– O livro chegou...

– Deus! Que milagre! Só se fala na derrama. Conta mais.

– Tem menino branco lá em cima. Sabe ler e vai ajudar.

– Sabe mesmo? Como é ele?

– Veio da Corte. É esquisito. Fala só e acha que tem alguém com ele.

– Filho, isso é feitiço!

Agitada, Ana continuava o ir e vir entre o forno e a mesa. Bateu palmas.

– Todas prontas?

As escravizadas afofaram as camisas brancas e impecáveis, roupa de quem vendia pão de ló. Cestos na cabeça saíram em fila.

– Vem comer, menino.

Tiago achegou-se à mãe, uma negra forra, enérgica e rica. Ganhara a liberdade quando sua sinhá morreu.

A amizade entre as duas mulheres valeu a Ana outros presentes, no testamento de sua dona: recebeu uma casa, cordões de ouro e uma escravizada. Ana se pôs a vender doces nos tabuleiros pela rua, a costurar, a alugar quartos. Em pouco tempo, comprou mais escravizadas que alugava para serviços, e emprestava dinheiro a juros. Sobretudo para cativos que queriam comprar sua liberdade. Como muitas mulheres nas Minas, ela andava com as próprias pernas. Independente, tivera vários homens. Alguns melhoraram sua situação.

Respeitada na comunidade, Ana tinha poder: detinha as informações de tudo o que acontecia e as passava para Cascalho.

– Coma e vá ver seu padrinho. Ele precisa saber – ordenou Ana.

Da rua, o barulho da cidade em movimento. A eletricidade estava no ar. E as pessoas, irritadas.

O padrinho era o padre Manuel. Morava no Caminho Novo, numa fazenda, na verdade uma hospedaria. Lá, não só rezava missas, mas acolhia os viajantes no caminho para a capital. Não cobrava, mas ouvia suas informações com a mesma atenção que dedicava às confissões, e deixava seus animais pastarem nos seus campos.

A viagem proibida

Era homem de letras e escrevera livros sobre como adaptar plantas ao clima temperado da serra mineira. Emprestava dinheiro aos viajantes e ensinou a Ana como fazê-lo. Eram amigos de longa data.

Padre Manuel era o único que sabia de quem Tiago era filho... Ele não se importava. Na cidade havia muitas crianças negras e mulatas na mesma situação. As mulheres eram poucas. Os homens muitos. A natureza os unia, as famílias cresciam e os homens morriam ou partiam. Alguém que tivesse pai, como Afonso, era coisa rara. E Tiago queria tanto ter um...

Enquanto Tiago tomava a rua torta para sair da cidade, o pai se curvava diante do governador. Ah, a alegria de se encontrarem dois portugueses! À volta tudo era desconfiança. Os brasileiros os odiavam. Corria que queriam se ver livres da metrópole. Boatos e murmurações de boca em boca conspiravam contra a Coroa. Barbacena contou ao pai que, desde que chegara, em julho do ano de 1788, e anunciara a exigência de pagamento de quintos, o imposto sobre a coleta do ouro, a cidade o hostilizava. Não se conseguia reunir mais as cem arrobas, antes cobradas. O ouro escasseava.

Então, a ordem só voltaria com a cobrança suplementar: a temida derrama. Nervosos, os habitantes se reuniam pelas esquinas e tabernas, discutindo quanto cada um teria de pagar até por seus escravizados. Mesmo os padres tinham de pagar!

Os que sabiam fazer contas, falavam em oito oitavas de ouro. "Tanto assim?!", gemiam os pobres mineiros. Junto ao medo, outro sentimento: o de revolta. Falava-se abertamente em "levantes", queixou-se Barbacena ao pai. Nos campos, nas vilas, nos córregos onde se catava ouro só se falava em liberdade. "Minas ia se levantar", dizia-se.

O pai era esperto e entendeu logo. Na luta surda do povo contra a Coroa, ele via dois movimentos. Um dos homens ricos, que queriam defender seus bens, sem pagar impostos à Coroa. E outro, do povo miúdo, já empobrecido pela crise da mineração. Juntos, cada qual por razões diversas, falavam em liberdade para se ver livres dos impostos e da pesada garra de Portugal sobre suas costas. Juntos, à janela da sombria Casa da Câmara, Barbacena e o pai pareciam ver a cidade como uma panela em ebulição. O medo escorria das paredes, as caras fechadas e as vozes murmuradas davam a temperatura da situação.

Pior eram as tais ideias de liberdade e igualdade, queixava-se Barbacena. Isso era coisa inspirada na revolução que deu a independência aos Estados Unidos. Ou nos franceses, que falavam em "igualdade e fraternidade".

– Mas como ideias chegavam tão longe? – perguntou o pai.

– Pelos livros. Eles eram os grandes inimigos da Coroa. Por isso mesmo, havia censura em

Portugal. Apesar de os funcionários da Real Mesa Censória, encarregada de zelar pela circulação e conteúdo dos livros, examinarem cada barco que partia de Lisboa, eles vinham escondidos. E havia também livros que eram mais perigosos se lidos aqui do que lá. Falavam contra a escravidão e a colonização. Eles ameaçavam a estabilidade da Coroa. Qualquer ideia contrária ao regime era combatida. Não foram fechadas todas as academias científicas que se tentou criar na colônia? E a proibição das universidades, também não resultava do medo das "ideias francesas"? Um negro igual a um branco? Onde o mundo ia parar? A intenção era manter todos na mais perfeita ignorância. Logo, todo cuidado com os livros era pouco.

Coçando a barba, Barbacena prosseguiu: que o pai não se enganasse.

– As paredes dos sobrados escondiam bibliotecas.

E o pai:

– Mas o que adianta tê-los se as pessoas não sabem ler?

– Não sabem ler, mas ouvem leituras, discutem temas proibidos – explicou o governador.

Padres, advogados, mercadores, militares, boticários e até mulatos livres e escravos forros possuíam livros. Quase a maioria, obras que tinham relação com sua profissão. Mas, os "censurados" se misturavam a esses.

Um perigo... Cresciam a crítica e a insubordi-
nação até na forma de poesia. Seu antecessor, por
exemplo, foi alvo de versos cáusticos que o acusa-
vam de "tirano" e "fanfarrão". Certo Tomás Antônio Gonzaga, jurista, foi o autor:

Aquele, Doroteu, que não é santo
[...]
Mal se põe nas igrejas de joelhos,
Abre os braços, em cruz, a terra beija
Entorta seu pescoço, fecha os olhos
Faz que chora, suspira, fere o peito
E executa muitas outras macaquices.

Enquanto isso, em lugar próximo dali, Ana
se cobria com uma pesada capa e gritava para
alguém que aprontasse sua mula. Antes de pegar
a estrada, iria recolher notícias. Cascalho as queria, e muitas. A primeira parada foi num "canto",
nome que se dava ao ponto de reunião dos cativos nas cidades. Ali ficou sabendo que certa Joana
fizera feitiços com os quais matou seu proprietário
e alguns de seus escravizados.

Na fonte, onde os cativos disputavam um lugar
para recolher água e a conversa corria solta, soube
que no convento das Macaúbas um padre quis
tocar nos peitos das freiras e as chamava para
encontros furtivos nos quartos. E que o governador estava de olho nos cordões de ouro que as

escravizadas que se prostituíam usavam. Era proibido às negras se vestirem com mais luxo do que suas senhoras. Ana colocou os seus para dentro da camisa. Ah! Ia ter visita do bispo, interessado nos casais que viviam juntos sem estarem casados na Igreja. Era pecado grave!

– Ora – retrucou Ana. – Basta se separar enquanto ele estiver por aqui. Ir para a casa de um parente era a solução. A maioria vivia assim.

Deu risada da notícia. Depois, rumou para uma quitanda. Lá se falava ainda na resistência de um quilombo na Comarca do Rio das Velhas. Os irmãos tinham se defendido valentemente e muitos foram passados ao fio da espada. Escândalo foi o caso de uma mulher que matou o marido e fugiu com um mulato. Depois de jogar o corpo no rio, ela escapou vestida de homem. Na praça, só se discorria sobre a festa da igreja. Tiago iria cantar e haveria procissão. Mas o assunto que mexia com todos era um só: a derrama. A terrível derrama. Tudo isso ela ia contar ao Cascalho. Voltou para casa, subiu na mula, cobriu-se e tomou a direção do Alto das Cabeças.

Tiago batia à certa porta.

– Bênção, padrinho.

À volta da hospedaria, silêncio. Galinhas ciscavam no terreiro. A porta rangeu e uma velha escravizada abriu.

– Entra, menino.

O contraste entre a luz da manhã e a penumbra da sala o ofuscou. O velho estava sentado. Sobre a mesa, papéis e volumes abertos.

– Deus te abençoe, meu filho.

No fundo, estantes de madeira abrigavam uma pequena biblioteca. Tiago se encantava com a cor das capas, das páginas, as letras de mãos dadas formando palavras, frases inteiras que ele queria decifrar. Só conhecia bem as partituras de música. Vingava-se de não saber ler, cantando melhor do que todos. As letras das músicas? Tudo decorado. O padrinho corrigia os erros com vara de marmelo. Batia forte, mas gostava de Tiago.

Padre Manuel era baixo, enrugado, feio. Idade? Ninguém sabia. Mas ninguém vivia muito nas Minas. Os longos invernos acabavam com a saúde. Era muito religioso. Rezava a missa regularmente e se ocupava dos fiéis. Tinha dinheiro de família. Adorava estudar e passava horas percorrendo livros sobre seu maior interesse: botânica. Suas roças eram bem cuidadas, pois padre Manuel sabia como cuidar da terra, dos animais e das águas. Ele calculava quando plantar e colher. Examinava o céu e as estrelas em busca de informações sobre as chuvas e o mau tempo. Conhecia o vento: o que trazia frio ou calor. Num livro, anotava cuidadosamente as moedas que emprestava. E como era pago: com brincos, chapas e cordões de ouro e objetos de prata.

A viagem proibida

– A que vens? – perguntou a Tiago.

O jovem contou-lhe que o livro tão esperado finalmente tinha chegado às Minas. Estava nas mãos do Cascalho. Padre Manuel se interessava muito por outro assunto, além de plantas e bichos. O mesmo que preocupava Barbacena. A derrama provocaria tamanho descontentamento, que seria hora de mudar a história. O povo se uniria contra a Coroa. Mas o que colocar no lugar? Um rapaz alto, feio, magro e de olhos esbugalhados andava falando em sedição. Era alferes do Regimento de Cavalaria Paga. Caçava bandidos e contrabandistas na serra. Nas horas vagas, arrancava dentes. Ganhou apelido, "Tiradentes", mas seu nome era Joaquim José da Silva Xavier. Não tinha instrução, mas se comunicava bem com todo mundo e possuía grandes fazendas para explorar ouro.

O Tiradentes andava falando em separar Minas de Portugal e em transformar a região numa República. Mas não explicava bem o que aconteceria depois... Cercado por um grupo de pessoas muito diferentes, não definia uma porção de coisas. Por exemplo: o que se faria com o governador Barbacena? Como se daria a revolta? Qual o futuro da escravidão, uma vez que poucos queriam acabar com ela? E dos impostos? Que República se queria implantar? Ninguém conhecia as respostas certas, pois os motivos dos que se interessavam pelo assunto eram muito diversos.

Do grupo em torno de Tiradentes, padre Manuel conhecia o coronel Inácio de Alvarenga Peixoto. Era homem rico, dono de fazendas e minas de ouro, poeta e apaixonado por sua esposa Bárbara Heliodora. Não gostava de pagar dívidas, e ele e a mulher, de nariz empinado, se sentiam "aristocratas" em terra de pé-rapados. Nesse tempo, deviam mundos e fundos e estavam em situação crítica. Já Francisco Antônio de Oliveira Lopes, semianalfabeto, ambicioso e hábil negociante, casado com mulher rica, multiplicou seu patrimônio, diversificando as atividades: tinha fazendas de criação, minas de ouro e pequenas oficinas.

Joaquim Silvério dos Reis era riquíssimo, talentoso e culto. Desde que chegara ao Brasil, multiplicou a sua fortuna. Tomás Antônio Gonzaga gostava de escrever sátiras e fazer poemas a Marília de Dirceu. Sua função de ministro da Casa Real portuguesa o mantinha bem ocupado. Não gozava da simpatia de Tiradentes, que o acusava de perseguir um primo seu. Cláudio Manuel da Costa vivia com uma escrava que lhe dera cinco filhos.

O próprio Tiradentes vivia falando em abandonar a carreira militar, pois ele ganhava mal. Tendo perdido parte de suas propriedades por dívidas, queria doravante ganhar a vida com um moinho de cana. Ele frequentava bordéis onde prometia "prêmios" às moças na República que iria criar. Padre Rolim, outro integrante do grupo, cujo

A viagem proibida

rosto exibia uma fina cicatriz, tinha vida dissoluta, mulher e filhos. Era traficante de escravizados e de diamantes, um exemplo de corrupção. Outro padre, Carlos Correia de Toledo, era grande possuidor de terras e escravizados, um ambicioso que só queria aumentar a fortuna. Ambos eram a vergonha de padre Manuel.

O que o incomodava padre Manuel era que cada uma dessas pessoas divergia da outra sobre os rumos da sedição. E Tiago, quantas vezes não levou mensagens, papéis e recados para cada um deles. Gostava do dr. José Álvares Maciel, jovem e bem informado sobre a atualidade europeia. Tinha estudado na Inglaterra e sabia tudo sobre fábricas. Mas tanto estudo não resolvia a situação da família endividada com a Coroa. Estavam arruinados.

Gostava também de ir à casa do comandante dos Dragões, Francisco de Paula Freire de Andrade, onde via soldados em uniforme. Soldados que, acobertados por Freire de Andrade, praticavam extorsões e assaltos armados, competindo com o Cascalho em violências. Ele já vira um ou outro de conversa lá no quilombo. Sobre a derrama, padre Manuel conhecia quase tudo. Mas o que queria saber era se Tiago tinha visto o livro. Como era? Tinha figuras e números?

Trotando sobre sua mula, Ana já avistava a cerca de pau a pique que protegia o quilombo. A bandeira de são Benedito acenava de longe. Ela ia pensando no que contar para o Cascalho sobre a derrama. Como evitar que gente pobre pagasse pelos pecados da gente rica? Ana achava que ninguém tinha nada a ver com as dívidas que fizeram os maiorais da cidade. Todos sabiam, por exemplo, que Alvarenga Peixoto usava instalações hidráulicas caríssimas para extrair mais ouro.

Não adiantou. O metal estava mesmo rareando. Dívidas como essa faziam a Coroa achar que ninguém trabalhava. E então caía em cima de todos. Será que o livro de que Tiago falou traria alguma solução? E quem era o menino branco que falava sozinho? Tiago conversara muito com ele. O menino falava do pai e de um irmão. Onde estariam os dois?

Enquanto Ana arribava no quilombo, o pai voltava ao sobrado onde pernoitava. Ouviu bem as palavras do governador. Ele sabia, agora, que uma sedição estava em curso. Da janela, o governador apontara a direção da rua Direita. Ao lado da ponte de São José se erguia o centro da conspiração: a casa de João Rodrigues de Macedo. Ali tinham lugar as discussões sobre a tal República que se queria criar à imagem da América inglesa. "Que absurdo", pensava consigo o pai. "Faltar com fidelidade à Rainha." O nome que se dava a esse crime? Inconfidência.

Assim que entrou no cômodo que lhe servia de quarto, porém, o pai desabou. Controlou-se na frente de Barbacena, mas agora, sozinho, deixou as lágrimas correrem livremente ao longo do rosto severo. O sofrimento parecia sufocá-lo. Por que não pedira ajuda ao governador? Diante dos fatos que ameaçavam a Coroa, preferiu calar. Engolir a dor e a preocupação. Agora, soluçava alto, se perguntando:

– Onde estão meus filhos? Por que me foram tomados?

As vozes que vinham da rua abafaram seu choro.

CAPÍTULO IV

Conversas com o Além

Eu gostava dali. Lá no alto do quilombo me sentia desprendido da terra. Dava uma vontade de subir mais, de chegar até as nuvens e arrancar o segredo que eu escondia em mim. Na beira dos despenhadeiros que cercavam o esconderijo, a sensação de vácuo acelerava a imaginação. As montanhas viravam monstros adormecidos que poderiam acordar a qualquer momento. Nas grutas, eu imaginava os olhos faiscantes de bichos desconhecidos. O mão-pelada morava por ali, talvez?

Gostava de dormir vendo o brilho das estrelas, ouvindo o pio da coruja, o latido de um cachorro solitário, o miado de uma onça nas brenhas. E de

acordar no chão, sobre uma esteira, vendo o sol atravessar as folhas do teto. Os ruídos do quilombo começavam cedo. Um assobiava, outro cantava, uma voz de mulher chamava as galinhas para lhes dar de comer, as crianças faziam algazarra na hora de lavar-se no poço. A gente ia fazer as necessidades no mato. Medo de cobra? Aprendi a distinguir: as de cabeça arredondada das de cabeça triangular e chata. As primeiras boas, as segundas venenosas. Depois era o café com rapadura. Aos poucos fui conhecendo a gente que me cercava.

Eu gostava. Gostava de tudo: de ir para a roça cortar os pés de mandioca, de levar tudo num cesto até as mulheres que as descascavam. Ali, eu via as meninas bonitas, de pernas de fora e os peitos mal cobertos por um xale fino. Sentadas no chão, conversavam comigo, riam do meu jeito de falar e me achavam bonito. Com Tiago fiz amizade. Pescávamos juntos e caçávamos patos mergulhados dentro do rio. Jogávamos pião. Ele me contava dos ensaios para a festa da igreja, da vida na cidade, do medo do governador. Perguntava-lhe se não vira o pai, que devia estar morando perto do palácio. Contava de minha saudade e de como me sentia só. Queria muito reencontrar o pai. Certo dia, Tiago perguntou-me com quem eu falava só.

Contei-lhe a história do mano. Éramos gêmeos e ele se chamava Francisco. Saí primeiro do útero de minha mãe. Ele veio depois e por isso, todos

A viagem proibida

explicavam, sua timidez. Diziam que ele estava se escondendo. Crescemos juntos e não nos largávamos. Para brincar, dormir ou estudar. De verdade, eu mandava e ele obedecia. Eu era mais forte e batia em Francisco quando ele não atendia minhas ordens. Mas isso até o dia em que ele me enfrentou. Apanhei e não esqueci. E ele, depois disso, começou a mudar. Fechou-se cada vez mais. Não atendia aos meus pedidos. Parecia guardar uma grande raiva do mundo. Falava pouco e suas palavras saíam sempre como cusparadas. Tornou-se revoltado. Recusava tudo: a escola dos padres, a Igreja, a obediência ao pai. Depois que a mãe morreu, o mano passou a desaparecer.

O pai, muito ocupado com seu trabalho na Corte, nem sabia, mas o filho não dormia mais em casa. Era o fim dos laços de fraternidade. Quando soube que vínhamos para o Brasil, Francisco se insurgiu. Ameaçou e gritou, mas o pai não lhe deu ouvidos. Para nosso horror, começou a falar em suicídio. Considerávamos isso um pecado imenso. Deus não perdoava quem tirava a própria vida. Foi embarcado à força.

O pai e eu não entendíamos o que o retinha em Lisboa. Ao longo da viagem de vinte dias, ele só abriu a boca para dizer que ia se matar. O pai e eu o vigiávamos, mas, um dia, ele desapareceu. A imagem trágica de seu corpo escorregando para o mar escuro me assustava. Procurava chorar e sentir sua morte. Não conseguia e por isso me sentia culpado. Continuava a falar com ele, na esperança de que aparecesse, de que me perdoasse por não ter cuidado dele.

Porém, cá no quilombo, não tinha tanto tempo para pensar na situação, expliquei a Tiago. Isso me aliviava. O isolamento, os caminhos perdidos na lama, as montanhas altas pareciam me proteger do mistério desse desaparecimento. Minha imaginação, antes inquieta e doente, sempre preocupada com o mano, aqui descansava. Gostava do quilombo. Como tantos fugitivos, eu me sentia em casa.

Gostava também do cair da tarde com as andorinhas cortando as nuvens cinzentas e uma pequena estrela brilhando. As cigarras chiavam baixinho, sapos se punham a cantar, os animais davam adeus à luz do dia. As árvores tomavam formas estranhas, pareciam velhas a cochichar. Ao pé do fogão de lenha, ouvia contar histórias. A do Caipora, cavalgando o cerrado no lombo de um porco peludo. A de assombrações nas encruzilhadas das estradas onde se enterravam viajantes mortos. A de almas penadas que choravam no silêncio da mata.

Quem as contava era o dono da voz grossa que me perguntou se eu sabia ler e escrever. Era o Cosme. Um negro vindo do antigo reino de Angola, dono de um rosto sinistro, solene e feroz. Do pescoço pendiam cordões escuros, amuletos de couro, unhas e dentes de onça do mato que, segundo ele, livravam do mal. À volta dele, os moradores do quilombo viviam um terror mudo.

Cosme era diferente. Ele viveu entre os padres do mosteiro do Caraça, mas nunca esqueceu suas raízes africanas. Em cabaças, colecionava plantas medicinais, unhas e cascos de animais. Seus olhos sempre muito abertos pareciam esperar alguém, no meio da noite. Sabia ler e ler também o que se passava na cabeça das pessoas. Era ele que ajudava as mulheres a dar à luz e os velhos a morrer. Parecia estar nas fronteiras entre a vida e a morte.

Eu passava as tardes falsificando passaportes. Para os escravos fugidos, fingia que ainda eram escravos. Mas de um senhor que não existia. Ficava assim:

Vendo-me debruçado sobre os papéis, Cosme costumava se aproximar. Queria ter certeza de que eu sabia ler e escrever. Conversávamos sem pressa. Eu lhe contava sobre minha vida em Lisboa. E ele sobre seu passado na região oriental de Angola, às margens do rio Kwango. Considerava-se descendente de um grande guerreiro, Cibinda Ilunga, grande caçador graças ao seu poderoso arco e flecha. Sua língua materna era o quimbundo, de onde vinha a palavra quilombo.

– Quer dizer povoação, união – explicou-me Cosme.

E outras palavras que usávamos também vinham de lá: moleque, camundongo e cochilar. Em sua terra não se abatia nenhuma árvore sem que se prestasse uma homenagem a seu espírito. Os meninos iam para a "escola da mata", na puberdade. Ali aprendiam a caçar, a reproduzir os sons dos animais e a reconhecê-los, a fabricar máscaras sagradas, e ouviam histórias sobre os antepassados. No dia de sua circuncisão, eles bebiam uma poção mágica e depois participavam de uma grande festa.

Cosme contou como foi feito prisioneiro. Primeiro, foi levado de suas terras e permaneceu num cativeiro ao ar livre, com outros prisioneiros. Comia e dormia atado aos outros infelizes, à espera do embarque. O navio negreiro se encontrava ancorado próximo à costa e pequenas embarcações recolhiam os cativos, embarcados em pequenos grupos. Em geral, um negreiro ou tumbeiro, nome que se dava às embarcações que faziam comércio de gente, levava até dois meses para carregar. Nem sempre havia cativos suficientes. Ao chegar ao barco, o clima de terror se instalava. Os africanos imaginavam que seriam comidos pelos brancos. Desconheciam o mar e acreditavam que ali moravam os mortos. O terror era tão grande que Cosme vira companheiros se matarem.

Horrorizado, perguntei-lhe como era um negreiro. De olhos fechados, como se sentisse dor ao lembrar, Cosme assim o descreveu: era um barco ao qual se impunham algumas modificações. A cozinha ficava na coberta com duas caldeiras. Numa se cozinhava para a tripulação, noutra para os escravos.

– Parece incrível – disse-me Cosme –, mas os traficantes tinham cuidado com os alimentos. A dieta tinha de apetecer, senão muita gente se recusava a comer, morrendo de inanição. Daí a presença de inhame, banana, óleo de palma e peixe seco, além de pimenta malagueta, nas refeições. Embaixo, num falso porão, se encaixavam os homens de um lado e as mulheres e crianças, do outro.

As 8 horas da manhã, os escravos subiam para o convés. Tomavam banho de água do mar enquanto os marinheiros viravam os baldes de dejetos. Às 9 horas recebiam a primeira refeição.

A tarde era ocupada com pequenos trabalhos para movimentar os membros doloridos. Muitas vezes, para afugentar a melancolia organizava-se uma dança. Às 16 horas, um mingau de inhame ou milhete era servido, e então desciam ao porão para dormir, atados uns aos outros.

– Então havia cuidados! – exclamei.

Cosme explicou:

– Sim, pois éramos, todos, mercadoria cara.

Fiz a pergunta que não queria calar: como se deixou aprisionar? Cosme respondeu com uma careta.

– Uma guerra entre sobas.

– Sobas?

– Sim, soberanos ou reis de diferentes Estados. Eles entravam em concorrência produzindo lutas que alimentavam os traficantes. Os prisioneiros eram vendidos.

Mas Cosme teve amigos que se fizeram aprisionar por dívidas de jogo, bebedeiras e até antipatia dos parentes.

– E não dava para fugir? – insisti.

– O perigo era cruzar terras que prestassem vassalagem a um rei inimigo. Aí o risco era ser aprisionado novamente e sofrer maus-tratos. A mata funcionava apenas como asilo temporário. Um fugitivo podia se esconder durante o dia e caminhar à noite.

– Mas e os perigos?

– Animais selvagens e espíritos do mal. Ninguém dava asilo – explicou.

Junto com Tiago, ouvíamos as histórias de Cosme. Eu me encantava com aquele homem que tudo sabia sobre as plantas e os minerais, que não temia a morte e que dizia conversar com os antepassados. Cosme morava numa barraca de sapê próxima à de Cascalho. O bandido se julgava protegido pelo sábio feiticeiro. No pescoço levava todos os amuletos que esse preparava com papeizinhos cheios de signos, cabelos, pele de bichos. Nos pulsos, trazia braceletes de ferro e cobre, também para proteção. Não atacava viajantes ou soldados sem se trancar com ele e vê-lo jogar búzios. As conchas falavam ao mago. E este orientava Cascalho. Juntos, Cosme e Cascalho falavam de mim. Pareciam querer me conhecer melhor e, quem sabe, confiar-me um segredo. Seria o livro? Eu me perguntava.

Ia dormir e sonhava com a mãe... Quase toda noite ela me aparecia magra, cadavérica, parecia querer dizer alguma coisa. A boca mexia, mas não saía som. Seus cabelos brancos colados à testa. Os olhos se arregalavam. As mãos, antes tão bonitas e macias, se tornavam garras. Eu acordava suado.

Certa manhã vi chegar uma mula arreada com estribos de prata e nela uma negra elegante e bonita. Enfiou-se com Cosme e Cascalho na barraca do primeiro. Fui fazer minhas coisas até que ouvi o urro do Cascalho:

– Afonso, venha cá!

Apesar da amizade com Cosme, nunca tinha entrado em sua casa. Dentro, à meia-luz, vi vários cestos empilhados. Armadilhas para pegar animais silvestres pendiam do teto, e penas e garras de diferentes cores, rolos de pele e sementes enchiam cuias. De uma trempe, vinha o estalo de gravetos queimados. Um cheiro acre de erva queimada encheu meu pulmão. Os três estavam de pé: a bela mulher e os dois homens me olhavam fixamente.

A mulher me lançou:

– Sabe mesmo ler e escrever?

– Sim – respondi –, Cosme e Cascalho já me viram trabalhar.

– Então chegue mais perto.

Vi que ela tinha um velho livro nas mãos. A capa ensebada e as folhas amarelas pareciam descoladas.

– Leia aí para a gente – ordenou.

O que vi não era um livro impresso, mas um manuscrito. As palavras se alinhavam, retorcidas, e estavam escritas com tinta vermelha escura. Soletrei devagar.

– *Livro dos Prodígios e Arcano Hermético para realizar a Grande Obra. Segredos de Paracelso para transformar cinzas em ouro.*

Prossiga – ordenou a mulher.

– *Abel; Sacrum pingue dabo, Nec macrum sacrificato, Caim: Sacrificato macrum Nec dabo pingue sacrum.*

A viagem proibida

Eu sabia que versos que se liam de trás para diante eram considerados diabólicos. Satânicos! Que livro era esse?!

Assim que acabei, um tremor leve tomou meu corpo. O mesmo suor que me banhava o corpo quando sonhava com a mãe voltou. Uma dor aguda me fez curvar as costas e gemi baixinho. Quis dizer alguma coisa, mas minha voz saiu diferente: grossa, embrulhada. Eles se aproximaram, os olhos faiscando.

– Está possuído? – perguntou a mulher a Cosme.

– Ele tem algo do lado – ouvi Cosme responder.

Desmoronei. Revirando no chão, vi as chamas da trempe aumentarem. A voz dos adultos, cada vez mais alta nos meus ouvidos, perfurava minha cabeça. Falavam uma língua estranha.

– Ele tem uma mulher do lado – disse Cosme aos outros. – Temos de tirá-la daí, senão o menino não vai conseguir trabalhar.

"Mulher do lado... Do lado de quem?", eu me perguntava.

– Quem é ela? – ouvi a voz da bela negra.

– Alguém muito triste, muito doente. Ela chora, eu posso ouvir – disse Cosme.

A voz cada vez mais longe de Cosme indagou:

– Menino, quem morreu?

Minha língua enrolava. A luz que escoava por entre o teto de palmas formava figurinhas brancas no ar. Tive uma vontade imensa de chorar. E com o rosto em lágrimas, respondi:

– Minha mãe, minha mãe!

Dentro da palhoça cheia de fumo, os adultos se debruçaram sobre mim. Resmungando, Cosme tomou as asas e as garras de uma ave e misturou-as a um líquido estranho dentro de uma cumbuca. Murmurou:

– Anhuma! Pássaro bento, bicho bem mandado! Vais benzer esse remédio para a gente tomar. Tu sabes fazer cruz na água do rio, pois faças cruz aqui. – Ajoelhou-se no chão e soprou a fumaça que saía dos gravetos abrasados.

Sentado no chão, Cascalho tirava sons de um instrumento africano de corda, o urucungo ou berimbau. Formas estranhas pareciam dançar na sombra. Um ritmo triste embalava meu choro. A mulher perguntou ao Cosme:

– O que vamos colocar na bolsa de mandinga dele?

E o mago:

– Unha de onça, cabelo, ossos de defunto, um pedaço de pedra de altar, a pedra de ara.

Enquanto ela arrumava o patuá, Cosme acendeu um cigarro de casca de pau com tabaco e, pronunciando palavras incompreensíveis, passou a sacudir um chocalho sobre mim. Sua mão enrugada e áspera pousou sobre minha cabeça.

Nesse momento, o cômodo deixou de ser o mesmo. Eu estava num outro mundo. Vultos circulavam à minha volta e o som chegava aos meus ouvidos sem que eu pudesse distinguir as palavras. Uma dor terrível despedaçava meus pensamentos. E agora eu a via. Encostada à parede, muito calma, ela abriu lentamente os braços, sacudiu os cabelos:

– Mãe! – gritei. Senti seus braços à minha volta enquanto a língua estranha falada por Cosme nos embalava. Entreguei-me ao doloroso prazer de abraçar minha mãe... morta.

Perguntei baixinho:

– Onde estão o pai e o mano?

E ela:

– Você vai encontrá-los.

E se esvaiu em cinza e fumaça.

Acordei com os olhos esbugalhados de Tiago me encarando. Os adultos confabulavam a um canto. Senti despertar em mim uma vida nova. E, no pescoço, o amuleto de couro. Daqui para a frente, estaria protegido. Esses objetos eram dotados de grande força e poder, mas era preciso estar em contato com o corpo. Defendiam de perigos.

– Você é forte – disse-me Cosme –, pois atravessou a Calunga grande.

Esse nome era dado ao mar oceano, considerado pelos africanos a linha divisória entre vivos e mortos.

– E nunca mais terá sonhos maus e tristes – consolou-me a bela mulher.

– E poderá ler o livro misterioso e nos explicar o que fazer – arrematou Cascalho.

Tiago abraçou-me:

– Vamos tomar congonha com rapadura – anunciou sorridente.

– Ah! Afonso, essa é minha mãe.

Da mulher exalava uma grande ternura. Foi quando conheci Ana que ela disse ao filho:

– Vou ver padre Manuel e contar-lhe que o menino está pronto para trabalhar.

Saímos à luz do dia. Um vento morno e violento nos empurrou, e eu vi as árvores que cercavam o quilombo sacudindo os galhos, como se quisessem me saudar. Agora, era decifrar o livro, ajudar os quilombolas e, depois, achar o pai e o mano. Eu tinha nascido de novo.

CAPÍTULO V

Fumaça
de revolta

Caía a tarde quando Ana avistou ao longe a hospedaria de padre Manuel. A mula arrastava as patas nas areias sombrias. Com o crepúsculo, ela sentia as sombras a cercarem por todos os lados e um silêncio pesado se erguer do chão. A mulher trazia no peito uma estranha sensação. Culpa e remorso? Sim, pois na hora em que Afonso desmaiou por conta do benzimento que lhe fazia Cosme, ela o susteve nos braços e sentiu seu corpo se encher de calor. Não era possível. O menino nem era homem. Ou seria um homem parecido com um menino? Sua natureza de mulher madura e bonita acordou diante do belo rosto masculino que posou no seu seio. Ele lhe lembrou outro: o pai

de Tiago. Ana se debatia com seus fantasmas. Contar ou não ao filho?

Na porta do casarão emergiu a figura do padrinho, com um castiçal de cobre na mão. Fez sinal para que Ana se apressasse. Ela esporou o animal. Em minutos estava na penumbra da sala. O velho cura parecia transtornado. Contou-lhe que Tiradentes passara por ali havia poucos dias, em direção ao Rio de Janeiro. E que recebera notícias de que Joaquim Silvério dos Reis, grande fazendeiro, denunciara o levante ao visconde de Barbacena. Não foi o único. Basílio de Brito Malheiro e Inácio Correa Pamplona também. Todos portugueses. A derrama foi suspensa e as cidades mineiras se paralisaram de medo.

Ana sabia: Inácio era conhecido das autoridades por arrasar aldeias de índios e quilombos. Era um bem-sucedido capitão do mato, além de dono de terras extensas e querido das autoridades. Corria que, quando foi convidado para participar do levante, teria se ajoelhado e, com as mãos para o céu, exclamado: "Deus assim o permitirá". Pois mudou de ideia.

Perguntado por Barbacena se além das pessoas que denunciara sabia de mais alguma, e onde se juntavam para esse fim, respondeu-lhe que todas as pessoas desta terra desejavam o levante, e que a eles se ligavam alguns portugueses. Quanto às reuniões, eram celebradas em casa de Cláudio Manuel da Costa e de Tomás Antônio Gonzaga. A cidade também sabia...

Padre Manuel esfregava as mãos uma na outra. Não estava envolvido na conjura, mas conhecia seus membros. Conhecia, sobretudo, o propósito que animava cada um deles. O seu era diferente... Queria ouro. Não para pagar dívidas ou enriquecer, mas para distribuir entre os pobres, libertar os escravizados e criar escolas.

– E o livro? – perguntou a Ana.

Ela lhe contou o que aconteceu.

– Vamos esperar a manhã para voltar ao quilombo. Tenho de ajudar o menino – determinou.

Passaram a noite em frente ao fogão de lenha, pensando no que aconteceria aos inconfidentes. Não havia armas disponíveis, nem o povo estava avisado. Era coisa de um pequeno grupo. Corria o risco de não dar em nada. Só algumas cabeças cortadas ou corpos balançando na forca. Mas... os de quem?

No dia seguinte, o pai acordou com o chamado de um mensageiro do governador. Tinha ordens para comparecer ao palácio. Vestiu-se com rapidez e percorreu as ruelas ainda úmidas de sereno que ligavam a estalagem à imensa estrutura de pedra, tão severa quanto o seu ocupante. Barbacena era homem frio e calculista e o aguardava próximo a uma fonte no pátio interno. Decidira adiar a derrama indefinidamente.

Fumaça de revolta

– A cidade está de cócoras e treme – comunicou-lhe.

– Nada vencerá o poder de Portugal e da rainha – respondeu o pai.

Barbacena pediu-lhe que acompanhasse uma companhia de Dragões, para prender uns cabeças da revolta.

O pai se espantou:

– Mas a coisa já está tão adiantada?

– Sim, lamentavelmente. Mas já tranquei alguns na prisão de Vila do Carmo. Eu sabia que essa capitania era uma das mais importantes de nossa colônia. Suas fronteiras com Pernambuco, Bahia, Rio de Janeiro e São Paulo dão-lhe enorme importância como lugar de defesa. Era a torre donde se vigiavam os perigos que poderiam atacar as possessões. Só as Minas poderiam acudir outras colônias em caso de guerra e continuar a encher os cofres da Coroa portuguesa.

– Vamos construir forcas para atemorizar o povo e oferecer-lhe um espetáculo de sangue? – perguntou o pai. – É preciso castigar os delinquentes!

– Boa ideia!

– Mas como tudo aconteceu? Sei que não é a primeira vez... Ouvi em Lisboa que houve conjuras em Curvelo, Mariana e Sabará. Esses colonos são uns traidores! – retrucou o pai.

– São terríveis. Mas não me enganaram. Corriam rumores. Eu tinha espiões pela cidade. Preferi

A viagem proibida

fingir que não sabia de nada. Mas suspendi a derrama no dia 14 de março, quando o senhor veio me visitar. No dia seguinte, o coronel e senhor de muitas terras Joaquim Silvério dos Reis veio falar-me, denunciando os companheiros e a conspiração. Fui esperto e o obriguei a espionar para mim. Ele ficou em Vila Rica, fingindo-se de vítima e se queixando do governo para animar as pessoas a se confessarem. Sempre se fingindo amigo, penetrou em muitas casas e ouviu lamentações misturadas às ameaças de levante. Na casa de José Alvarez Maciel, viu livros sobre a independência da América. Do desembargador Tomás Antônio Gonzaga, ouviu palavras em favor da rebelião. Segundo ele, Tiradentes tinha o papel de recrutador entre as fileiras do exército. Alguns dos oficiais da tropa paga eram a favor do levante. Entre eles, o tenente-coronel Francisco de Paula Freire de Andrade, comandante do regimento da cavalaria de Minas, os Dragões. Depois veio me contar tudo. Sabe o que fiz?

– Não – disse o pai, curioso. – O quê?

– Disse-lhe que ficasse esperto e que se recolhesse a sua casa para não levantar suspeitas. Se precisasse de seus serviços, eu o chamaria. A notícia da suspensão da derrama correu como vento e o movimento se desmobilizou. A seguir, veio outro alcaguete: Basílio de Brito, que detestava Gonzaga. Coisa entre eles... Ele vazou que as reuniões eram celebradas em casa de Gonzaga e do advogado,

70

doutor Cláudio Manuel da Costa. E foi mais longe: procurou o cônego Vieira da Silva, para ouvir suas queixas. O padre é um apaixonado pela América, um país livre de reis, e não esconde o desejo de ver o Brasil transformado em república. Espalha que príncipes europeus nada têm a ver com os trópicos e os nacionais querem ser livres. Informou ainda que Tiradentes teria forças e coragem para levar adiante o movimento.

E o governador Barbacena prosseguiu:

– Obrigarei os dois a escrever as delações. Assim, os documentos provarão que houve conspiração. Hoje mesmo saiu daqui o Inácio Pamplona, outro dedo-duro que já registrou, também, sua delação. Imagine que os inconfidentes queriam cortar minha cabeça e exibi-la ao povo – gargalhou o governador, cheio de ironia e poder. – Mais absurdos eram seus planos – prosseguiu o governador Barbacena, que tudo sabia.

– Conte-me – pediu o pai, que tudo anotava para contar depois em Lisboa.

– Erraram do início ao fim – zombou o governador. – A derrama era esperada para meados de fevereiro. O que pretendiam? Em dezembro, se reuniram em Vila Rica na casa de Freire de Andrade. Estavam quase todos. Achavam que a decretação da derrama seria o estopim para o descontentamento do povo. E que poderiam se aproveitar disso. Na época, um pequeno grupo com armas escondidas sob os casacos estaria em Vila Rica sob o comando de Tiradentes. Este provocaria um motim e, com a cobertura dos Dragões, eu seria assassinado. Alguns conjurados garantiriam o apoio de outras vilas no distrito diamantino. E outros, mais discretos, iam assegurar o suprimento de pólvora. Previam uma luta de três anos. E, imagine, pretendiam pagar as despesas com o quinto real! Alguns já pensavam numa constituição para a nova república.

O pai estava impressionado com a eficiência do governador Barbacena. Ele agora entendia melhor o que tinha acontecido em Vila Rica. Os envolvidos na conjuração eram homens ricos. Mas todos ou quase todos endividados. Tiradentes que se dizia pobre tinha vários sítios, escravizados e cabeças de gado. Só na localidade chamada de Rocinha Negra, perto do rio Paraibuna, tinha um sítio de cinquenta quilômetros quadrados!

Todos eles queriam se livrar das cobranças e dos impostos aplicados por Portugal. Todos desejavam liberdade comercial para vender e comprar sem passar pela tributação. E, tão importante quanto isso: todos queriam se desembaraçar das pessoas que vinham para Minas Gerais sob a proteção da Coroa. Detestavam os apadrinhados que se aproveitavam de sua posição para se apossar de terras e rendas dos mineiros. Foi para preservar suas riquezas e diminuir seus prejuízos que

Fumaça de revolta

fazendeiros, exploradores de ouro e diamantes, criadores de gado, militares, magistrados e padres aderiram ao movimento.

– Que grande negócio! – exclamou revoltado o pai.

A conjura planejada não se materializou. Mas, para horror do pai e dos portugueses, ficou claro que os brasileiros queriam existir sem eles. Amparados nos exemplos norte-americanos e nas ideias iluministas ousaram questionar o que devia ser inquestionável: a obediência à rainha de Portugal!

Em 10 de maio de 1789, no fim da tarde, um destacamento de soldados do regimento europeu de Estremoz cercou o sobrado no Rio de Janeiro onde se ocultava o alferes Joaquim José da Silva Xavier. O pai estava entre eles. Com um mosquete carregado nas mãos, Tiradentes foi preso na casa de um amigo.

Ainda no mês de maio, alguns, como Cláudio Manoel da Costa, foram avisados por um homem mascarado da prisão de Tiradentes. Os conjurados aproveitaram para queimar papéis comprometedores. Enquanto Tiradentes era interrogado, entre os dias 22 e 23 foram presos Luis Antônio Gonzaga, Domingos de Abreu Vieira e Alvarenga Peixoto. Em junho foi a vez do cônego Vieira da Silva. E no mês seguinte, encontraram Cláudio Manuel da Costa morto na prisão intitulada Casa dos Contos. Enforcou-se com um cadarço depois de ter incriminado seus companheiros. A causa? Suicídio, apontou um laudo enviado a Portugal.

O fim dessa história?

Anos depois, nos salões do palácio em Lisboa, o pai encheria a boca para contar: preso, Tiradentes assumiu toda a culpa pela conjuração. Após um processo que durou três anos, foi o único que não mereceu clemência da rainha Dona Maria I, pois, condenado à morte junto com dez de seus companheiros, foi o único a ser punido. Os outros tiveram a pena comutada por favor real.

Na manhã de um sábado, 21 de abril de 1792, o condenado percorreu em procissão as ruas engalanadas do centro da cidade do Rio de Janeiro, no trajeto entre a cadeia pública e o largo da Lampadosa, atual praça Tiradentes, onde fora armado o patíbulo. Foi rezando, dizem. Aos pés da forca, confessou-se com um padre, como era de praxe. Não se conhecem suas últimas palavras. Soaram cornetas e rufaram tambores.

Seu carrasco chamava-se Jerônimo Capitânia e era um cativo que teve a condenação à morte transformada em prisão perpétua. Em troca, deveria executar as penas capitais impostas pela Coroa, em geral contra negros. Foi ele quem puxou a corda e fez o corpo balançar como um boneco de pano no ar.

Retirado o capuz, língua roxa para fora, a cabeça foi decepada, colocada dentro de uma

Fumaça de revolta

gaiola, levada para Vila Rica de Ouro Preto e exposta em um poste. Seu corpo, esquartejado e salgado. Suas pernas cravadas em postes na estrada das minas e os braços levados para Barbacena. Eram assim os castigos daqueles que se levantavam contra seus reis e rainhas.

Seus companheiros tiveram destino diverso. Na devassa que se seguiu às prisões, os réus Basílio de Brito, Malheiro do Lago, Inácio Correa Pamplona, tenente-coronel Francisco de Paula Freire de Andrade, Francisco Antônio de Oliveira Lopes, Domingos de Abreu Vieira e de Domingos Vidal de Barbosa Lage foram acusados do crime de "lesa--majestade", materializado na palavra "inconfidência" falta de fidelidade ao rei.

Durante o inquérito judicial, todos negaram a sua participação no movimento. Em 18 de abril de 1792, foi lida a sentença no Rio de Janeiro. Doze dos inconfidentes foram condenados à morte. Mas, em audiência no dia seguinte, foi lido um decreto de Maria I de Portugal, pelo qual todos, à exceção de Tiradentes, tiveram a pena comutada. Gritaram todos juntos, segundo um frade que lá estava:

– Que clemência! Que piedade! Só vós, Senhora, nasceste para governar.

A rainha fora esperta. Aconselhada por seus ministros, aplicou uma política de terror e depois de perdão. Era assim – pensava-se – que os colonos tinham de ser submetidos à vontade de Portugal.

A viagem proibida

Joaquim Silvério dos Reis, primeiro a delatar a conspiração, em troca de perdão de uma dívida de 220 mil-réis, foi para Portugal depois de sofrer dois atentados em Minas e Rio. Em Lisboa, foi recebido pelo príncipe regente D. João. Condecorado com o Hábito de Cristo e o título de fidalgo da Casa Real, recebeu pensão anual de 200 mil-réis. O pai interferiu para que ele fosse condecorado. Afinal, ambos eram portugueses e a favor da Coroa.

Em Lisboa, anos depois, o pai contaria aos amigos que participara na liquidação da ousada conjura. Ele contou que os degredados civis e militares foram remetidos para as colônias portuguesas na África, e os religiosos recolhidos a conventos em Portugal. Entre os primeiros, viriam a falecer pouco depois de terem chegado à África o contratador Domingos de Abreu Vieira, o poeta Alvarenga Peixoto e o médico Domingos Vidal de Barbosa Lage. Os sobreviventes reergueram-se integrados no comércio e na administração local e – para espanto do pai – na vida política brasileira.

Exonerado em 1797 das funções do governo, Barbacena retornou no ano seguinte ao Reino, e foi favorecido pela Coroa. Tornou-se vedor da princesa Carlota Joaquina, escrivão da Santa Casa da Misericórdia de Lisboa e, ainda, presidente da Mesa da Consciência e Ordens. Instalou-se em Sacavém, sua terra natal, na residência conhecida como Quinta do Rio. Mais tarde, o rei D. João VI elevou-o

Fumaça de revolta

à dignidade de Conde de Barbacena, vindo mais tarde ainda a ser recompensado com as funções de conselheiro de Estado.

O pai e Barbacena se encontraram algumas vezes nos jardins do palácio de Queluz, onde internaram a rainha Dona Maria, para que não vissem seus ataques de loucura depois da morte do marido. Riam juntos e jogavam gamão. Para ambos, a experiência no Brasil foi positiva. Lembravam-se com alegria dos dias emocionantes que passaram em Vila Rica de Ouro Preto. Como resultado, o ex-governador estava rico e gozava da confiança da família real. E o pai estava feliz, pois recuperara a sua família. Sim, reuniu os filhos.

Os dois?! Sim... E o livro do quilombo foi o que ajudou.

CAPÍTULO VI

Mistérios e milagres de um livro

No quilombo eu aprendi mais do que nas bibliotecas e escolas. Enquanto o pai corria atrás do ouro, lutava contra a corrupção ou desarmava uma conjura, eu aprendi sobre os horrores da escravidão. Tiago e Ana não representavam o que ela tinha de ruim. Eles eram o resultado das brechas que se abriam no sistema escravista. Muitos cativos, sobretudo mulheres, conseguiram se libertar e subir na vida. Faziam negócios, recompunham suas famílias, viviam como os brancos. Tinham conseguido se livrar da exploração pura e simples de um indivíduo sobre outros.

Mas havia milhares de pessoas que não tiveram a mesma sorte. Tornei-me amigo de muitos

quilombolas. Ouvi suas histórias. Entendi por que fugiram e detestavam seus senhores. Comecei a perceber o a significavam as palavras que as autoridades portuguesas temiam: igualdade, liberdade, fraternidade.

Aprendi também que o ouro estava no fim. Ou nenhuma riqueza é inesgotável. Que a cobiça tinha acabado com os rios e as montanhas. Que os bichos tinham fugido. As águas tinham secado. Que os mineradores abandonaram sonhos de fortuna e lavras e passaram a explorar fazendinhas, onde plantavam e colhiam o que iam comer.

O vazio no meu peito se fechara. O pai e o mano que eu deixei para trás passavam diante de meus olhos como imagens antigas. Antigas, mas queridas. Os altos barrancos e precipícios que isolavam o quilombo tinham me encerrado num outro mundo. Mundo onde aprendi a beijar na boca com as meninas e me fiz homem nos braços de mulheres mais velhas do que eu. Mundo onde me fiz gente, graças aos ensinamentos de Cosme. Mundo onde me senti útil ajudando a quem nem conhecia.

E tudo por causa do *Livro dos prodígios e arcano Hermético*. O manuscrito de folhas gastas e amarelas tinha sido enviado para o Brasil por um amigo de padre Manuel. Foi roubado da biblioteca da Ajuda, uma das mais antigas do Reino. Numa sociedade iletrada, ler era poder. Eu era poderoso!

Padre Manuel também dizia que para mexer com a obra era preciso a purificação espiritual. Daí eu ter sido desenfeitiçado por Cosme. Quando as estrelas começavam a se apagar, na madrugada, Cosme e eu sentávamos ao pé do fogo. Havia um momento de silêncio até o sol surgir com violência. Eu então começava a ler, linha por linha.

Do que tratava o precioso alfarrábio? De alquimia. Essa era uma prática que vinha da noite dos tempos e que misturava astrologia, magia, química e, sobretudo, metalurgia. Já era praticada no Egito, Mesopotâmia, China e Grécia antigas. Padre Manuel explicou que a proximidade de Portugal com o norte da África e, sobretudo, a presença islâmica durante oito séculos na península ibérica, alimentou a alquimia cristã.

Até a palavra *kimiya*, que deu em alquimia, vinha do árabe. Grandes médicos e filósofos persas como Avicena ou Al-Razi conheciam a química e gostavam de observar a transformação de substâncias. Foi graças a esses sábios que se descobriram o álcool, os ácidos sulfúricos, o nitrato de prata e o potássio. O livro *Segredo dos segredos* de Al-Razi ou o *Livro da cura* de Avicena inspiravam o mais profundo respeito. Padre Manuel tinha folheado a tradução feita do árabe para o latim. E mencionava sem parar um astrônomo islâmico que atuava na Corte espanhola, Al-Majriti, cujo livro *O lugar dos sábios* explicava a purificação dos metais.

Alguns estudiosos quiseram levar tais experiências adiante, pois buscavam objetivos na alquimia. O primeiro, a transmutação dos metais inferiores em ouro. O segundo, a fabricação do elixir da longa vida, remédio que curaria todos os males e daria vida longa aos que o usassem. O terceiro, a criação da vida artificial na forma de um pequeno ser humano: o homúnculo. Com cerca de 25 centímetros, pensava-se que tal criatura poderia ser inventada por meio de uma receita bizarra: sêmen humano posto em uma retorta hermeticamente fechada e aquecida em esterco de cavalo por quarenta dias.

A alquimia também pregava a influência dos astros na alma humana. A influência de planetas e signos do zodíaco era fundamental para que se dessem ações e reações entre o mundo e as esferas planetárias. Os números também tinham poder místico. O 1, por exemplo, era matriz de todos os outros números e continha em si os opostos: o bem e o mal, explicava padre Manuel.

Por essas informações o livro era tão precioso, raro e considerado sagrado. Tiago e eu ouvíamos entre amedrontados e fascinados esses esclarecimentos. Por outro lado, entendi que meus amigos queriam saber como transformar as pedras que abundavam nas serras em ouro. Se conseguissem, que revolução! Poderiam pagar os quintos, sem empobrecer. Os cativos poderiam comprar sua liberdade. Todos viveriam em igualdade. Seria o fim dos quilombos, das brigas, das guerras. Padre Manuel sabia, porém, que a fraternidade ficaria abalada. Onde houvesse ouro, haveria cobiça e violência. Ainda assim, valia a pena tentar.

O livro era cheio de imagens. Laboratórios com boiões, caldeiras e alambiques nos quais pareciam circular velhos sábios de longas barbas e chapéus pontudos. Braços munidos de foices saíam de nuvens para cortar flores na terra. Árvores choravam grossas lágrimas. O sol com olhos e boca como se humano fosse enviava raios para a terra. Dentro de vidros, os tais homúnculos pareciam querer saltar para a vida cá fora. Águias coroadas e cavaleiros medievais com suas armaduras e lanças pareciam lutar pelo Bem e contra o Mal. Palavras estranhas se sucediam: enigma, labirinto, anagrama, lunário. Ao invocá-las, sentia-me cheio de mistérios.

Eu não tinha problema para ler o manuscrito. Mas, para interpretá-lo, quantas dúvidas! Frases em latim ou em caracteres hebraicos, anagramas que ocupavam toda a página, números cuja significação tinha de descobrir! Cosme tinha boas intuições e padre Manuel falava latim, mas não era o bastante. Tudo parecia tão hermético!

O Cascalho começava a se impacientar. Notícias trazidas de Vila Rica por Tiago ou Ana davam conta de que a cidade estava em polvorosa. Pessoas corriam de um lado para outro. Algumas

Mistérios e milagres de um livro

prisões já tinham ocorrido. O regimento dos Dragões fora reorganizado e tinha ordens para descer o cacete no povo. O governador Barbacena parecia cada vez mais seguro de que dominara a conjura. Com ele, lado a lado o tempo todo, um severo funcionário português. "Com tal cara fechada, só podia ser o pai", pensei.

Em Vila Rica, Ana abria os ouvidos. As autoridades estavam atrás de livros. A devassa obrigara advogados, curas, funcionários e professores a abrir os armários. Arrombavam-se gabinetes. Até a casa de um sapateiro mulato e forro, possuidor de uma biblioteca, foi invadida. Teria ele as obras proibidas? A maioria encontrada era de ciências, seguido de artes, belas-letras e religião. O risco era ter lido um tal de Abade Raynal, autor francês, e as Leis Constitutivas das colônias inglesas na América, ambos cheios de críticas ao despotismo dos monarcas e de ideias sobre novas formas de governo. Quem os tivesse lido ia para a prisão.

Ana também informou a Cascalho que amigos de Cláudio Manoel da Costa e Domingos de Abreu Vieira, presos em Vila Rica, estavam lhes enviando provisões para a cadeia: marmelada, vinho, queijo, fumo, remédios. Quem lhe contou foi um mulato, escravo de Vieira.

Enquanto isso, nós passávamos o dia debruçados sobre o *Livro dos prodígios*. Ele trazia um capítulo só sobre a "cura de doenças extranaturais".

85

A viagem proibida

Cosme não perdeu tempo. As Minas estavam cheias de "doenças de feitiço", como ele as chamava. "Fazer malefícios" era comum entre bruxos africanos. Muitos eram conhecidos: Luzia Pinta que usava cobras vivas em suas feitiçarias e o negro Bardara, que ganhara renome por matar seus desafetos com espigas de milho envenenadas.

Em Prados, perto de Mariana, existia mesmo uma "aldeia de feiticeiras". Cativos iam até lá pedir-lhes um remédio com o qual convencessem seus senhores de lhes dar a liberdade. Feitiços poderosos impediam casamentos, tornavam os homens impotentes, ou "amarravam" os amantes um ao outro. Todo mundo acreditava: branco ou negro.

Cosme conhecia bem o assunto. Chamavam tais doenças de *calundus*. Os africanos vindos do centro do continente acreditavam no poder sobrenatural vindo do mundo dos mortos e dos espíritos. Uma feiticeira ou um feiticeiro era capaz de mediar a comunicação entre a vida e a morte, o presente e o passado. Os próprios antepassados podiam estar entre tais espíritos que lhes causavam certos distúrbios. Foi por isso que ele afastou a mãe de mim...

Os remédios europeus não eram muito diferentes dos feitiços. Usava-se de tudo – pedras, plantas e bichos – para controlar o sofrimento: sangue de cobra para proteger recém-nascidos; clara de ovo batida, atrás da orelha para dores de cabeça;

cascas de romã para "virgindade corrupta"; pó de chifre de veado e suco de salsaparrilha para dores em geral; pasta de formigas voadoras para as dificuldades de ereção.

Eu adorava este momento em que nós dois, sentados frente a frente, o manuscrito aberto, repassávamos os menores detalhes para encontrar um pormenor significativo. Uma informação codificada. Cosme dava sentido às palavras que eu lia. Trabalhávamos juntos numa espécie de escavação, não para achar ouro, mas para abrir um caminho novo.

Passo a passo nos aproximávamos da parte principal: a transformação dos metais. Esse era um dos maiores sonhos dos alquimistas. Eles não desejavam riquezas. Mas achavam, sim, que a natureza da Terra caminhava para a perfeição. E o ouro, para os alquimistas, significava perfeição. A intenção deles era ajudar a natureza a alcançar a perfeição. Acreditando nisso, trabalhávamos em silêncio no barraco de Cosme.

A luz pálida do sol atravessava a palha do teto e a fumaça dentro do cômodo, criando um ambiente estranho. Parecíamos sombras à volta do fogo. No rosto de Cosme, eu via apenas a mancha escura das sobrancelhas e o olhar febril. Vários caldeirões ferviam. Com a ajuda de Tiago tínhamos separado alguns metais, minerais e plantas. E graças a Cascalho tivemos acesso a um pouquinho de ouro triturado. Era indispensável que a *Grande Obra* fosse preparada segundo técnicas alquímicas.

Eu me concentrei no texto. Primeiro, era necessário separar e reunir quimicamente as substâncias, por meio de fermentação e destilação. Misturamos quantidades mínimas de sal de mercúrio, de antimônio ao ouro, num velho almofariz de pedra. Acrescentamos orvalho colhido, de manhã cedo, para banhar a mistura. Depois, passamos tudo para um balão de fermentação colocado num tripé de ferro aquecido por uma vela. Um condensador de vidro, que padre Manuel havia arranjado, levaria o resultado da destilação a um recipiente de porcelana. Nele, nossos olhos estavam grudados. O ouro deveria cair em lágrimas amarelas no fundo da peça.

O dia passou. Tiago e eu nos revezávamos diante do vidro que fervia calmamente. No seu interior, uma fumacinha e... mais nada. Um cheiro indefinível tomava conta dos ares. Tínhamos as pernas pesadas, os braços adormecidos e a cabeça oca, quando padre Manuel irrompeu no cômodo fumarento. Parecia aflito. Nos braços trazia papéis. Cascalho vinha atrás, o espanto colado no rosto! O clima de espera foi quebrado pela chegada abrupta das duas figuras.

Padre Manuel largou os papéis, colocou as mãos em meus ombros e, olhando nos meus olhos, falou firme e pausadamente:

Mistérios e milagres de um livro

– Meu filho, seu pai o procura. E seu irmão está no porto do Rio de Janeiro à espera de vocês.

– Como?!

– Sim, ele está no caminho de volta. Há de passar perto daqui com um grupo de soldados. Você deveria ir ao seu encontro. O que tinha de fazer aqui, já acabou.

– Não! Não desejo partir. Aqui é o meu lugar. E, depois, não vimos a transformação dos metais em ouro. Há trabalho a fazer.

– Não, filho... Eu achei o segredo do ouro. Está nestes outros papéis.

Cosme reagiu:

– O menino não pode ir agora. Tem muito o que aprender e nos ajudar.

– Não, ele tem de partir – retrucou padre Manuel. – Não pertence às Minas e, sim, à Coroa. Está do outro lado do oceano. E se tiver de nos ajudar, será de lá. Assim como fazia seu irmão.

– Meu irmão?!

– Apesar da pouca idade, Francisco era um aliado. Enquanto os conjurados se organizavam por aqui, ele fez o contato com os republicanos americanos. Passou informações e livros aos mineiros. Depois fugiu novamente, agora para a Inglaterra, onde urdiu uma complicada trama que envolvia falsificação de dinheiro com o objetivo de levantar fundos, visando "a sublevação do Brasil". Esteve escondido esse tempo

A viagem proibida

todo sob a proteção de abolicionistas ingleses e maçons. Foi o portador do *Livro dos prodígios*. Você e seu pai achavam que ele tinha se
matado na viagem, mas não. Suas fugas e desa-
parecimentos já tinham a ver com seu envolvi-
mento com estudantes brasileiros em Coimbra.
Estudantes metidos com ideias de libertação da
Colônia. Bravo, Francisco!

Alívio. Senti alívio. Meu irmão vivo, quanta alegria para o meu pai. Eu não tinha tido tempo para
pensar nele desde que cheguei ao quilombo. Mas
agora entendia, melhor do que nunca, o que tentou fazer. As fugas noturnas eram para o pai não
perceber. O silêncio era o compromisso com os
rebeldes. Podia ter ficado magoado com o fato de
ele não ter me contado. Porém, não. Agora, depois
de ter ido às Minas e vivido no quilombo, entendia
tudo. Senti mesmo orgulho do mano. E uma ponta
de inveja: eu nasci primeiro, mas ele tinha amadu-
recido antes de mim.

– E o ouro? – repliquei. – Todo esse esforço
para nada?

Cosme concordou. Cascalho tremia de frus-
tração.

– As cartas que recebi de sábios europeus me
revelaram finalmente o que quer dizer a transmutação. Ela é apenas uma metáfora para a mudança
de consciência. O metal é a mente ignorante que
é transformada em ouro pela sabedoria. Ela é a

Mistérios e milagres de um livro

nossa modificação em um ser humano melhor. Entendeu, Cascalho?

O gigante tremia. Nada disso ele esperava da experiência alquímica.

Numa curva da estrada, a tropa de Dragões aguardava. Os cavalos escavavam o chão e bufavam. Ordens eram gritadas. De longe, vi o pai e o reconheci pelo chapéu emplumado. Abracei Cascalho, Ana, Cosme e padre Manuel. Quanto a Tiago, prometi que um dia o levaria a Lisboa. Lá, a escola de música era esplêndida e ele poderia se tornar grande cantor. Meu pai o adotaria. Era tudo mentira. Mas tinha-lhe tanta gratidão que precisava dizer alguma coisa.

Toquei o patuá que trazia ao pescoço para trazer sorte. Desci a ladeira apressadamente, de cabeça baixa, sem olhar para trás. Carregava um enorme peso no coração. Já eram as saudades do quilombo. Lá eu podia falar com quem quisesse, as regras eram claras, as amizades, sinceras. E quando eu acordava, de manhã, a natureza me abraçava por inteiro. Não esqueceria jamais.

Enchi o peito com o cheiro de mato que a brisa espalhava e ouvi o grito do pai:

– Afonso!

Corri em sua direção. Ele apeou do cavalo, abraçou-se comigo e abafou um gemido. Ao som dos rios que corriam montanha abaixo, tomamos a direção da Corte.

A viagem proibida

Lá, Francisco nos esperava. Enquanto o pai participava da prisão e execução de Tiradentes, nós nos reencontrávamos. Sim, pois não nos víamos havia muito tempo. Afastados, tínhamos nos tornado desconhecidos. Agora, as conversas não tinham fim e a amizade crescia. Tínhamos sentido na boca o gosto do cativeiro e, depois, da liberdade. Deixamos para trás o tempo em que nos sentíamos meninos, indefesos e frágeis. Entrávamos agora na vida real, graças às experiências que vivêramos. Éramos homens ou quase... Dividíamos nossas histórias passadas e projetos futuros.

Pela rua Direita, caminhávamos discutindo enquanto cruzávamos com os escravizados que gritavam suas mercadorias, os pedintes que esmolavam, o cheiro bom das panelas de angu. Depois, sentados no muro em frente ao paço, olhávamos o mar bater nas pedras. O mar que trazia africanos e levava ouro. O mar que trazia as leis do Reino e levava a revolta dos colonos. O mar, essa estrada de mercadorias, ideias e homens, que seria, agora, caminho de volta para casa.

Bibliografia

ANASTASIA, Carla Maria Junho. *Vassalos rebeldes*: violência coletiva nas Minas na primeira metade do século XVIII. Belo Horizonte: Editora C/Arte, 1998.

ALGRANTI, Leila Mezan. *Livros de devoção, atos de censura*: ensaios de história do livro e da leitura na América Portuguesa (1750-1821). São Paulo: Hucitec/Fapesp, 2004.

ALVARENGA, Thábata Araújo de. *Homens e livros em Vila Rica, 1750-1800*. Dissertação de Mestrado – Faculdade de Filosofia, Letras e Ciências Humanas, USP, São Paulo, 2003.

BICALHO, Maria Fernanda. *A cidade e o Império*: o Rio de Janeiro no século XVIII. Rio de Janeiro: Civilização Brasileira, 2003.

CALAINHO, Daniela Buono. *Metrópole das mandingas*: religiosidade e inquisição portuguesa no Antigo Regime. Rio de Janeiro: Garamond Universitária, Faperj, 2008.

CÓDICE COSTA MATTOSO. Coord. Luciano Figueiredo e Maria Verônica Campos. Belo Horizonte: Fundação João Pinheiro, 1999.

COUTINHO, Fernanda. *Imagens da infância em Graciliano Ramos e Antoine de Saint-Exupéry*. Fortaleza: Banco do Nordeste do Brasil, 2012.

DEL PRIORE, Mary; VENÂNCIO, Renato. *Ancestrais*: uma introdução à história da África Atlântica. Rio de Janeiro: Campus, 2004.

FERNANDES, Neusa. *A Inquisição em Minas Gerais no século XVIII*. Rio de Janeiro: Editora UERJ, 2000.

FIGUEIREDO, Lucas. *Boa ventura!* A corrida do ouro no Brasil. Rio de Janeiro: Record, 2011.

FIGUEIREDO, Luciano. *Barrocas famílias*: vida familiar em Minas Gerais no século XVIII. São Paulo: Hucitec, 1997.

_____. *O avesso da memória*: estudo do papel, participação e condição social da mulher no século XVIII mineiro. São Paulo: Hucitec, 1996.

FONSECA, Thaís Nívea de Lima e. Portugueses em Minas Gerais no século XVIII: cultura escrita e práticas educativas. Anais do II Encontro Internacional de História Colonial. *Mneme – Revista de Humanidades*. Caicó (RN): UFRN, v.9, n.24, set.-out. 2008.

FRANÇA, Jean Marcel Carvalho. *Visões do Rio de Janeiro colonial*. Antologia de textos, 1531-1800. Rio de Janeiro: Editora UERJ, José Olympio Editora, 1999.

FRIEIRO, Eduardo. O *diabo na livraria do cônego*. São Paulo: Edusp; Belo Horizonte: Itatiaia, 1981.

FURTADO, João Pinto. *O manto de Penélope*: história, mito e memória da Inconfidência Mineira de 1788-1789. São Paulo: Companhia das Letras, 2009.

FURTADO, Junia Ferreira. *Chica da Silva e o contratador de diamantes*: o outro lado do miro. São Paulo: Companhia das Letras, 2003.

_____. O *livro de capa verde*: a vida no Distrito Diamantino no período da Real Extração. São Paulo: Annablume, 1996.

GANDRA, Manuel J. *Alquimia em Portugal*. Discursos e práticas alquímicas. v.I. Lisboa: Huggins Editores, 2002.

_____. *Subsídios para a bibliografia crítica das fontes e estudos respeitando ao Hermetismo em Portugal*. I – Alquimia (tratamento biblioteconómico de Amélia Caetano). Mafra, 1994.

GUIMARÃES, Carlos Magno. Mineração, quilombos e Palmares – Minas Gerais século XVIII. In: REIS, João José; GOMES, Flávio dos Santos (Orgs.). *Liberdade por um fio*. São Paulo: Companhia das Letras,1996.

JARDIM, Márcio. *A Inconfidência Mineira*: uma síntese factual. Rio de Janeiro: Biblioteca do Exército, 1989.

LAGE DE RESENDE, Maria Ifigênia. Saberes estratégicos: Tiradentes e o mapa das Almas. In: LAGE DE

RESENDE, Maria Ifigênia; VILLALTA, Luiz Carlos (Orgs.). *História de Minas Gerais*. As minas setecentistas. 2v. Belo Horizonte: Autêntica, Companhia do Tempo, 2007. p.609-628.

_____; VILLALTA, Luiz Carlos (Orgs.). *História de Minas Gerais*. As minas setecentistas. 2v. Belo Horizonte: Autêntica, Companhia do Tempo, 2007.

MARCUSSI, Alexandre Almeida. Iniciações rituais nas Minas Gerais do século XVIII, os calundus de Luzia Pinta. *Anais do II Encontro Nacional do GT História das religiões e das religiosidades. Revista Brasileira de História das Religiões*, ANPUH-Maringá (PR), v.1, n.3, 2009.

MAXWELL, Kenneth. *A devassa da devassa*. São Paulo: Paz e Terra, 1985.

_____. Conjuração mineira: novos aspectos. *Estudos Avançados*, São Paulo, v.3, n.6, maio-ago. 1989.

MENEZES, Ivo Porto de. Os palácios dos governadores em Ouro Preto. *Cadernos de Arquitetura e Urbanismo*, Belo Horizonte, v.12, n.13, p.39-58, dez. 2005.

NOGUEIRA, André Luís Lima. As "doenças de feitiço" e as Minas do século XVIII. *Anais do XXVI Simpósio Nacional de História*, ANPUH, São Paulo, jul. 2011.

PAIVA, Eduardo França. *Escravidão e universo cultural na colônia*. Minas Gerais, 1716-1789.

_____. *Escravos e libertos nas Minas Gerais do século XVIII*: estratégias de resistência através dos testamentos. São Paulo: Annablume, 1996.

Mistérios e milagres de um livro

PAIVA, Eduardo França; ANASTASIA, Carla. *O traba-lho mestiço*: maneiras de pensar e formas de viver, séculos XVI a XIX. São Paulo: Annablume, 2002.

PIJNING, Ernst. Contrabando, ilegalidade e medidas políticas no Rio de Janeiro do século XVIII. *Revista Brasileira de História*, São Paulo, v.21, n.42, p.397-414, 2001.

RAMOS, Donald. O quilombo e o sistema escravista em Minas Gerais do século XVIII. In: REIS, João José; GOMES, Flávio dos Santos (Orgs.). *Liberdade por um fio*. São Paulo: Companhia das Letras, 1996.

RODRIGUES, André Figueiredo. *O clero e a conjuração mineira*. São Paulo: Humanitas-FFLCH/USP, 2002.

SANTOS, Lúcio José dos. *A Inconfidência Mineira*: papel de Tiradentes na Inconfidência Mineira. Belo Hori-zonte: Imprensa Oficial, 1972.

SCARANO, Julita. *Cotidiano e solidariedade*: vida diá-ria da gente de cor nas Minas Gerais – século XVIII. São Paulo: Brasiliense, 1994.

_____. *Negro nas terras do ouro, cotidiano e solidarie-dade*. São Paulo: Brasiliense, 2002.

SILVA, Joaquim Norberto de Souza e. *História da con-juração mineira*: estudos sobre as primeiras tenta-tivas para a independência nacional baseados em numerosos documentos impressos ou originais existentes em várias repartições. Rio de Janeiro: B. L. Garnier, 1860.

_____. *História da Conjuração Mineira*. Rio de Janeiro: Imprensa Nacional, 1948.

SOUZA, Gaspar Tarcísio. Derrama, boatos e historio-grafia: o problema da revolta popular na Incon-fidência Mineira. *Topoi*, v.11, n.21, jul.-dez. 2010, p.51-73.

SOUZA, Laura de Mello e. *Desclassificados do ouro*: a pobreza mineira no século XVIII. Rio de Janeiro: Graal, 1982.

_____. *Cláudio Manuel da Costa*. São Paulo: Compa-nhia das Letras, 2010.

SILVEIRA, Marco Antônio. O *universo do indistinto*: estado e sociedade nas Minas setecentistas, 1735-1808. São Paulo: Hucitec, 1997.

VALADARES, Virgínia Trindade. *Elites mineiras setecen-tistas*: conjugação de dois mundos. Lisboa: PUC--MG e Fundação da Universidade de Lisboa, 2004.

VILLALTA, Luiz Carlos; BECHO, André Pedroso. *Luga-res, espaços e identidades coletivas na Inconfidência Mineira*, p.555-578.

VILLALTA, Luiz Carlos. As origens intelectuais e polí-ticas da Inconfidência Mineira. In: LAGE DE RESENDE, Maria Ifigênia; VILLALTA, Luiz Carlos (Orgs.). *História de Minas Gerais*. As Minas setecen-tistas. 2v. Belo Horizonte: Autêntica, Companhia do Tempo, 2007. p.579-608.

SOBRE O LIVRO

Formato: 12 x 21 cm
Mancha: 19,4 x 38 paicas
Tipologia: Kepler Std 11,5/16
Papel: Off-white 80 g/m² (miolo)
Cartão Triplex 250 g/m² (capa)
1ª edição Editora Unesp: 2025

EQUIPE DE REALIZAÇÃO

EDIÇÃO DE TEXTO
Rita Ferreira (preparação de original)
Pedro Magalhães Gomes (revisão)

PROJETO GRÁFICO
Marcos Keith Takahashi (Quadratim)

CAPA
Robson Castilho de Brito (Quadratim)

ILUSTRAÇÕES
Kelly Adão

EDITORAÇÃO ELETRÔNICA
Arte Final

ASSISTENTE DE PRODUÇÃO
Erick Abreu

ASSISTÊNCIA EDITORIAL
Alberto Bononi
Gabriel Joppert

Rua Xavier Curado, 388 • Ipiranga - SP • 04210 100
Tel.: (11) 2063 7000
rettec@rettec.com.br • www.rettec.com.br